Hazte un favor a ti mismo...

PERDONA

Hazte un favor a ti mismo...
PERDONA

Aprende a tomar el control de tu vida mediante el perdón

JOYCE MEYER

FaithWords

New York   Boston   Nashville

Hazte un favor a ti mismo... perdona
Título en inglés: Do Yourself a Favor...Forgive!
© 2012 por Joyce Meyer
Publicado por FaithWords
Hachette Book Group
237 Park Avenue
New York, NY 10017

FaithWords es una división de Hachette Book Group, Inc.
El nombre y el logo de FaithWords son una marca registrada de Hachette Book Group, Inc.

La casa publicadora no es responsable por sitios Web, o su contenido, que no sean propiedad de dicha casa publicadora.

ISBN: 978-0-446-58320-6

Visite nuestro sitio Web en www.faithwords.com
Impreso en Estados Unidos de América
Primera edición: Abril 2012

10 9 8 7 6

ÍNDICE

INTRODUCCIÓN

Jesús vino para que nuestros pecados pudieran ser perdonados y fuésemos restaurados a una relación íntima con Dios por medio de Él. Su regalo gratuito de la salvación es hermoso y está por encima de toda comparación. Lo que Dios nos da gratuitamente, Él espera que también lo demos gratuitamente a los demás. Debido a que hemos recibido el perdón de Dios, podemos perdonar a otros que pequen contra nosotros o nos dañen de alguna manera.

Si no perdonamos, seremos desgraciados y nuestra alma estará envenenada con la malignidad de la amargura. He aprendido que cuando perdono a alguien que me ha hecho daño, en realidad me estoy haciendo un favor a mí misma, y ese conocimiento me hace perdonar rápidamente y completamente. Me gustaría poder decir que aprendí este principio temprano en mi vida y que no he desperdiciado precioso tiempo en la falta de perdón, pero no puedo hacerlo. Me ha tomado décadas aprender lo que deseo compartir contigo en este libro.

Desgraciadamente, no pasaremos por la vida sin resultar nunca heridos, dañados u ofendidos. La experiencia nos dice que la vida está llena de injusticias; sin embargo, podemos ser libres del dolor de esas heridas soltándolas y confiando en que Dios sea nuestro Vengador y produzca justicia en nuestra vida.

Las raíces de la falta de perdón son muy peligrosas. Crecen

muy profundamente por debajo de la superficie y se arraigan profundamente en nosotros. Son insidiosas porque nos convencen de que debido a que hemos sido ofendidos, alguien debe ser castigado y que no podemos ser felices, ni lo seremos, hasta que ese alguien lo sea. Queremos ser retribuidos por el dolor que hemos soportado, pero solamente Dios puede retribuirnos, y Él lo hará si confiamos en Él y perdonamos a nuestros enemigos, tal como Él nos ha dicho que hagamos.

Estoy segura de que muchos que lean este libro comenzarán con enojo en sus corazones. Alguien les ha herido o la vida les ha defraudado. Es mi oración que sus corazones sean abiertos a Dios y que vean la urgente importancia de vivir libres de ningún tipo de amargura, resentimiento, falta de perdón u ofensa.

Creo que tenemos oportunidades cada semana de resultar ofendidos y de enojarnos, pero un conocimiento adecuado de la voluntad de Dios nos da la valentía de avanzar dejando atrás el enojo y disfrutar de la vida que Dios nos ha dado. Permanecer enojado con alguien que te haya ofendido es como tomar tú mismo veneno esperando que tu enemigo muera. Nuestra falta de perdón nos hace más daño a nosotros mismos que a ninguna otra persona. Dios nunca nos pide que hagamos algo a menos que en definitiva vaya a ser bueno para nosotros, de modo que deberíamos confiar en Él y aprender a perdonar libremente.

Es mi oración que, a medida que leas este libro, aprendas que cuando procesas el enojo de manera sana y cuando perdonas, la persona a quien estás haciendo un favor eres tú mismo.

CAPÍTULO
1

¡No es justo!

Susanna es una mujer de cuarenta y ocho años que se crió en una remota granja en un diminuto pueblo de Texas. Sus padres eran muy pobres, con pocos ingresos y media docena de hijos.

Susanna era la menor, y su alegre disposición, hermosos rasgos e inusual inteligencia le sirvieron bien desde muy temprano. Ella terminó la secundaria y pasó a ser una de las mejores vendedoras donde trabajaba, en una pequeña empresa que fabricaba ropa. Finalmente, comenzó su propio negocio, fabricando ropa para mujeres. Le encantaba su negocio; le daba un sentimiento de logro y de valor, y se entregó a ello por completo. Conoció y se casó con el hombre de sus sueños, y tuvieron dos hijas. A medida que progresaron los años, así lo hizo su negocio, y cuando llegó a los cuarenta años de edad, ella y su esposo dirigían juntos una empresa multimillonaria.

Susanna y su esposo disfrutaban de todo lo que la riqueza podía proporcionar: una magnífica casa, autos, barcos y una casa de verano. Sus vacaciones les llevaban por todo el mundo. Sus dos hijas estudiaban en las mejores escuelas y disfrutaban de los círculos sociales más destacados. Crecieron y disfrutaron de exitosas carreras y familias propias. La vida no podría haber sido mejor, o así lo creían. Aunque la pareja asistía a la iglesia ocasionalmente debido a un sentimiento de obligación, su relación con Dios no era personal, ni tampoco pensaban genuinamente en la voluntad de Dios a la hora de tomar decisiones. Incluso las relaciones familiares eran relaciones más superficiales que profundas, sinceras e íntimas.

Un día, de repente y sin advertencia, Susanna se enteró de que su esposo estaba teniendo una aventura amorosa y que no era la primera vez. Se quedó sorprendida y profundamente herida. Él no sólo le fue infiel, sino que ella también se enteró de que había metido a la empresa en deudas y que una tremenda cantidad del dinero de la empresa no estaba registrada. Él había estado tomando dinero del negocio que ella comenzó y utilizándolo para divertir a sus novias y vivir una vida secreta.

El matrimonio se separó rápidamente, y Susanna se quedó con un negocio que tenía profundas deudas y estaba al borde del colapso. Entonces la economía se vino abajo y las ventas al por menor descendieron en picado, lo cual dio como resultado que la empresa de Susanna quebrase. Su enojo y su amargura hacia su ex-esposo, a quien ella culpaba de todo, aumentaban cada día más.

Susanna acudió a sus hijas para hallar comprensión y consuelo, pero ellas estaban molestas por los años que ella había trabajado tanto y no había pasado mucho tiempo a su lado. También sentían que parte de la infidelidad de su padre se debía a que su madre amaba más su negocio que ninguna otra cosa en el mundo. Ellas estaban ocupadas con sus propias vidas e ignoraron las necesidades y los problemas de su madre, al igual que sentían que ella había ignorado los de ellas cuando la necesitaban. Susanna necesitaba apoyo, pero no encontró ninguno.

Acudió a su hermana, pero lo creas o no, ella parecía deleitarse en la angustia de Susanna; sentía que los años de éxito y de "vida fácil" que ella había tenido le hicieron ser egoísta e inconsiderada. El distanciamiento que tuvo lugar entre ellas era inmenso, y siguen sin hablarse hasta la fecha, después de ocho años.

Sus hijas, aunque son educadas, no llaman con frecuencia para invitarla a que las visite. Susanna se ha vuelto cada vez más amargada y culpa a todos los demás de su infelicidad. Ni una sola vez ha pensado en que algunos de los problemas podrían haber sido culpa de ella, y ni una sola vez ha pensado en perdonar ni en pedir perdón.

Está enojada con su ex-esposo; está enojada con ella misma por no haber visto que su matrimonio y su negocio se estaban desmoronando delante de sus propios ojos; está enojada porque sus hijas no han hecho más cosas por ella, y está enojada con Dios porque su vida ha resultado ser muy decepcionante.

¿Quién no estaría enojado?

La mayoría de las personas en esa situación estarían enojadas, pero no tendrían que estarlo si entendiesen el amor de Dios y supiesen que Él ya ha proporcionado un camino de salida de este tipo de angustia. El número de vidas que se ven arruinadas por medio del enojo y la falta de perdón es sorprendente. Algunos de ellos no saben qué otra cosa hacer, pero muchos de ellos son cristianos que sí saben qué hacer pero no están dispuestos a tomar la decisión correcta. Viven según sus sentimientos, en lugar de avanzar y dejarlos atrás para hacer algo mejor. Se encierran a sí mismos en una cárcel de emociones negativas y avanzan con dificultad en la vida en lugar de vivirla de modo pleno y vibrante.

Sí, la mayoría de las personas estarían enojadas, pero hay un camino mejor: podrían hacerse un favor a ellas mismas y perdonar. Podrían sacudirse el desengaño y regresar a sus puestos en Dios. Podrían mirar al futuro en lugar de mirar al pasado. Podrían aprender de sus errores y proponerse no volver a cometerlos.

Aunque la mayoría de nosotros no nos encontramos en unas circunstancias tan difíciles como las de Susanna, sin duda no hay fin con respecto a las cosas por las cuales podemos enojarnos... el perro de la vecina, el gobierno, los impuestos, no recibir el aumento de sueldo que esperábamos, el tráfico, un esposo que deja sus calcetines y su ropa interior en el piso del baño, o los niños que no muestran agradecimiento alguno por todo lo que hacemos por ellos. Después están las personas que nos dicen cosas desagradables y nunca se disculpan, padres que nunca mostraron afecto, hermanos que eran favorecidos, acusaciones falsas, y la lista sigue y sigue con una interminable multitud de oportunidades por las que estar enojados, o bien perdonar y seguir adelante.

Nuestra reacción natural es la molestia, la ofensa, la amargura, el enojo y la falta de perdón.

¿Pero a quién hacemos daño al albergar esas emociones negativas? ¿A la persona que cometió la ofensa? A veces sí hace daño a las personas si las apartamos de nuestras vidas mediante el enojo, ¡pero frecuentemente ellas ni siquiera saben ni les importa que nosotros estemos enojados! Vamos de un lado a otro preocupados con nuestro disgusto, reviviendo la ofensa una y otra vez en nuestra mente. ¿Cuánto tiempo has pasado imaginando lo que quieres decirle a la persona que te hizo enojar, a la vez que te disgustas aún más a ti mismo? Cuando nos permitimos a nosotros mismos hacer eso, en realidad nos hacemos mucho más daño a nosotros mismos que a quien nos ofendió.

Estudios médicos han demostrado que el enojo puede causar todo tipo de cosas, desde úlceras hasta una mala actitud. En el mejor de los casos, es una pérdida de precioso tiempo. Cada hora en que permanecemos enojados es una hora que hemos utilizado y que nunca regresará. En el caso de Susanna y su familia, ellos desperdiciaron años. Piensa en las veces que no estuvieron juntos debido a todo el enojo que había entre ellos. La vida es impredecible; no sabemos cuánto tiempo nos queda con nuestros seres queridos. Qué lástima es privarnos a nosotros mismos de buenos recuerdos y relaciones debido al enojo. Yo también desperdicié muchos años estando enojada y amargada debido a las injusticias que me hicieron en los primeros años de mi vida. Mi actitud me afectó de muchas maneras negativas, y se transmitió a mi familia. Las personas enojadas siempre liberan su enojo con otra persona, porque lo que está en nuestro interior es lo que sale fuera. Puede que pensemos que hemos escondido nuestro enojo a todas las demás personas, pero finalmente encuentra una manera de expresarse.

Las cosas que nos suceden con frecuencia no son justas, pero Dios nos recompensará si confiamos en Él y le obedecemos. Querer venganza es un deseo normal, pero no es uno que podamos permitirnos. Queremos que nos compensen por el daño realizado, y Dios promete hacer precisamente eso.

Pues conocemos al que dijo: «Mía es la venganza; yo pagaré»; y también: «El Señor juzgará a su pueblo».

Hebreos 10:30

Este pasaje de la Biblia y otros parecidos me han alentado a soltar mi enojo y mi amargura y confiar en que Dios me compense a su propia manera. Te aliento encarecidamente a que des ese mismo salto de fe siempre que sientas que te han tratado injustamente.

Las personas a las que necesitamos perdonar normalmente no lo merecen, y a veces ni siquiera quieren ese perdón. Puede que no sepan que nos han ofendido, o podría no importarles; sin embargo, Dios nos pide que les perdonemos. Parecería indignantemente injusto a excepción del hecho de que Dios hace por nosotros las mismas cosas que Él nos pide que hagamos por los demás. Él nos perdona una y otra vez y sigue amándonos incondicionalmente.

Me ayuda a perdonar si tomo tiempo para recordar todos los errores que yo he cometido y para los que necesité no sólo el perdón de Dios, sino también el perdón de las personas. Mi esposo fue muy amable y misericordioso hacia mí durante muchos años mientras yo estaba pasando por un proceso de sanidad debido al trauma del abuso en mi niñez. Yo creo que "las personas dañadas hacen daño a otras personas". Yo sé que hice daño a mi familia y que era incapaz de entablar relaciones sanas, pero sin duda no lo hacía a propósito. Era el resultado de mi propio dolor e ignorancia. Yo había sido herida, y lo único en que yo pensaba era en mí misma. Yo estaba dañada, y por eso hacía daño a otros. Realmente necesitaba comprensión, confrontación en el momento adecuado y gran cantidad de perdón, y Dios obró por medio de Dave para darme eso. Ahora intento recordar que Dios con frecuencia quiere obrar por medio de mí para hacer esas mismas cosas para alguna otra persona.

¿Has necesitado alguna vez perdón, de las personas y también de Dios? Estoy segura de que así ha sido. Recuerda esos momentos, y eso te permitirá perdonar cuando tengas que hacerlo.

Por favor, dejen su enojo en la puerta

¿Has visto alguna vez una vieja película del oeste en la que se requería a los vaqueros que dejasen sus armas en la puerta antes de entrar en una taberna? Yo sí, y es un buen ejemplo a utilizar cuando pensamos en el enojo. El enojo es como un arma que llevamos con nosotros a fin de poder utilizarla contra las personas que parezcan estar al borde de hacernos daño. Al igual que los vaqueros sacaban sus pistolas para defenderse a menos que las hubieran dejado en la puerta, nosotros sacamos nuestro enojo como defensa de manera regular. Hagamos un hábito de dejar conscientemente nuestro enojo en la puerta antes de entrar en cualquier lugar. Neguémonos a llevarlo con nosotros cuando emprendamos las tareas del día. Di conscientemente: "Hoy salgo sin enojo. Tomo conmigo amor, misericordia y perdón, y los utilizaré generosamente cuando sea necesario".

Yo he descubierto que hablarme a mí misma es de gran ayuda. Puedo hablar conmigo misma para decidir hacer o no hacer cosas. Puedo hablar conmigo misma para enojarme y para dejar de estar enojada. Aprende a razonar contigo mismo. Di para ti: "Es una pérdida de tiempo seguir enojado y eso no agrada a Dios, así que voy a soltarlo a propósito". Yo me recuerdo a mí misma que me estoy haciendo un favor al escoger la paz y rechazar el enojo.

Puede que no tengamos ganas de hacer lo correcto, pero podemos vivir para agradar a Dios o para agradarnos a nosotros mismos. Si decidimos agradar a Dios, entonces haremos muchas cosas que serán contrarias a lo que pudiéramos tener ganas de hacer. Todos tenemos sentimientos, pero somos más que nuestros sentimientos. También tenemos un libre albedrío y podemos escoger lo que sabemos que será lo mejor para nosotros.

El enojo es fuerte y destructivo

El enojo es indignación, venganza e ira. Comienza como un sentimiento y progresa hacia una expresión en palabras y actos si no se mantiene a raya. Es una de las pasiones más fuertes y es muy destructivo. La Palabra de Dios nos enseña a controlar el enojo porque nunca produce la justicia que Él desea (Santiago 1:20).

Dios nos enseña que seamos lentos para la ira. Cuando sintamos que estamos comenzando a hervir de enojo, necesitamos poner una tapa sobre ello. Podemos avivarnos a nosotros mismos y empeorar nuestros problemas pensando en ellos y hablando de ellos, lo cual equivale a alimentarlos... o... en el momento en que nuestros sentimientos comiencen a aumentar, podemos hacer algo al respecto. Sé agresivo contra la emoción del enojo y di: "Me niego a permanecer enojado. Me niego a ofenderme. Dios me ha dado dominio propio, y lo utilizaré".

Me contaron una historia de un pastor que invitó a un orador a hablar en su iglesia. El pastor estaba sentado en la primera fila de la iglesia escuchando al orador cuando, sin hacer uso de la sabiduría, el orador comenzó a decir algunas cosas negativas sobre el modo en que el pastor manejaba algunos de los asuntos de su iglesia. Estaba haciendo un comentario general, y estoy segura de que no tenía intención de ofender a nadie, pero sus palabras eran críticas e hirientes. Mientras el orador estaba hablando, el pastor repetía suavemente en un susurro:

"No me ofenderé, no seré ofendido". Él era un ministro más mayor que tenía más sabiduría que su orador. Él reconoció el celo de su invitado, pero también sabía que el orador carecía de conocimiento. El pastor se negó a permitir que las palabras de su invitado le ofendiesen.

Yo sé lo que es eso porque aparezco en la televisión compartiendo el mensaje del evangelio, y oigo a otras personas en el ministerio que no están en la televisión hacer declaraciones negativas sobre los "teleevangelistas", que es como llaman, con poco amor, a aquellos de nosotros que somos llamados al ministerio en los medios de comunicación.

Es muy fácil juzgar a alguien si no hemos estado en su lugar, y cuando yo oigo a personas hacer comentarios poco amables, intento recordar que están hablando sobre algo de lo que no saben nada. Las personas dicen cosas como: "Esos teleevangelistas tan sólo intentan sacarle el dinero a la gente". "Esos teleevangelistas no hacen nada para edificar la Iglesia; están ahí para sí mismos y no tienen una mentalidad de reino de Dios". Desde luego, hay algunas personas en todas las profesiones que tienen motivos impuros, pero meter a todo el mundo en esa categoría es totalmente equivocado y no está de acuerdo con la Escritura. Cuando oigo cosas como esas o me dicen que alguien ha dicho esas cosas, decido no resultar ofendida, porque eso no cambiará nada y, sin duda, no me hará ningún bien.

Cuando invito a las personas a recibir a Jesucristo en la televisión, nuestro ministerio recibe una respuesta abrumadora. Y les enviamos un libro que les enseña a ser parte de una buena iglesia local, pero eso podría ser algo que un crítico no sepa. Yo estoy comprometida a hacer lo que sé que Dios me ha llamado a hacer, y no a preocuparme por mis críticos, porque no responderé ante ellos al final de mi vida sino solamente ante Dios.

Es fácil juzgar a los demás, pensando que nosotros sabemos "toda la historia". Pero muy pocos de nosotros la sabemos; eso está reservado para Dios. Estoy segura de que tú tienes tus propios ejemplos, y lo mejor que puedes hacer es orar por la persona cuyas palabras produjeron la ofensa, tomar la decisión de no aceptar la ofensa y decidir creer lo mejor de esa persona. Todos deberíamos orar para no hacer daño a otros ni ofender con nuestras propias palabras.

CAPÍTULO
2

La emoción del enojo

A las personas que viven sin Dios en sus vidas normalmente no les molesta sentir la emoción del enojo; incluso puede que piensen que es el modo de resolver problemas o el camino para obtener lo que uno quiere. Sin embargo, a los cristianos les molesta el enojo, e incluso son confundidos por él. Como individuos piadosos, con frecuencia pensamos que, como cristianos, no deberíamos tener enojo. Entonces frecuentemente nos sentimos culpables cuando sí experimentamos la emoción del enojo. Nos preguntamos por qué nos enojamos cuando, de hecho, eso es lo último que queremos hacer.

Yo he sido una seria estudiante de la Palabra de Dios durante treinta y cinco años, y te aseguro que no tengo deseo alguno de estar enojada. He trabajado diligentemente con el Espíritu Santo a lo largo de los años aprendiendo cómo sobreponerme al enojo y controlarlo. Soy una amante de la paz y deseo que haya unidad en todas mis relaciones. ¡Menosprecio la pelea! Sin embargo, recientemente llegué a estar de repente más enojada de lo que puedo recordar haber estado en mucho, mucho tiempo.

Las emociones pueden estallar rápidamente. No se espera de nosotros que no las tengamos, sino que se espera que no permitamos que nos gobiernen. La Palabra de Dios nunca afirma que sentir enojo sea pecado; pero sí se convierte en una conducta pecaminosa cuando no lo manejamos adecuadamente o cuando nos aferramos a él. El apóstol Pablo enseña que no debemos dejar que el sol se ponga sobre nuestro enojo (Efesios 4:26–27). Eso indica que las personas experimentarán la emoción del enojo, pero en un breve periodo de tiempo deberían ser capaces de soltarla. Para mí, eso requiere oración y tomar una decisión que vaya más allá de lo que siento.

No hace mucho tiempo estaba hablando con mi tía por teléfono. Dave y yo la hemos sostenido económicamente durante los últimos años porque ella es viuda y sus ingresos no son suficientes para sostenerla adecuadamente. Yo tengo sus poderes notariales, así que siempre que ella tiene necesidades médicas el Centro de salud del lugar donde ella vive me llama para que me ocupe de cualquier emergencia médica. Yo quería que mi hija fuese añadida a la lista de personas que tienen autoridad para tomar decisiones por mi tía, de modo que si yo estaba fuera de la ciudad sus necesidades médicas quedasen cubiertas. Envié a mi hija a la casa de mi tía con un documento para que ella lo firmase, y ella se puso muy a la defensiva y se negó a firmarlo. Cuando mi hija me relató esta información, yo inmediatamente y sin pensarlo dos veces me enojé tanto que pensé que iba a estallar. Yo había esperado que mi tía sencillamente confiase en mí e hiciese lo que yo le pedía, así que la llamé y le dije exactamente lo que pensaba, recordándole todo lo que yo había hecho por ella, y que no agradecía su conducta egoísta. Las dos estábamos enojadas y dijimos muchas cosas que no deberíamos haber dicho.

Para ser sincera, yo me sentía justificada en mi enojo, y eso fue un error. Justificarlo me permitió aferrarme a él durante tres días mientras esperaba a que ella me llamase y se disculpase, y ella nunca lo hizo. Durante aquellos tres días les conté a varias personas de mi familia y a una amiga todo con respecto a la situación, desarrollando la parte de que yo creía que ella era muy egoísta. Desde luego, eso fue también un error, ya que la Palabra de Dios nos enseña que no hagamos nada para dañar la reputación de una persona, ni tampoco murmuremos ni seamos chismosos. Cada vez que yo contaba la historia, mi enojo recibía un nuevo impulso y ardía más caliente que antes. Puedo decir sinceramente que no recuerdo haber estado tan enojada como aquella vez en años.

¿Qué sucedió? En primer lugar, yo estaba muy cansada cuando surgió esa situación; ahora entiendo que actué precipitadamente en la manera de manejar mi petición. Debido a que estaba cansada, no tomé tiempo para explicarme completamente ante mi tía, y eso abrió la puerta a la confusión. No sólo estaba cansada, sino que también había estado tratando muchas necesidades urgentes para mi tía y mi mamá en las semanas anteriores a esa situación, y me sentía presionada y buscaba maneras de hacer que las cosas resultasen más fáciles para mí.

La mañana después del cuarto día del incidente comprendí que el enojo que yo sentía estaba obstaculizando mi intimidad con Dios y estaba evitando que yo pudiera estudiar adecuadamente la Palabra de Dios. Seguía pensando en la situación y no podía apartarla de mi mente, lo cual es normalmente lo que me sucede hasta que confronto y resuelvo los asuntos difíciles. Comencé a sentir que Dios quería que llamase a mi tía y me disculpase, y admito que en realidad yo no quería acceder.

Cuanto más abría mi corazón a Dios, más claramente veía el lado de la situación de parte de mi tía. Ella tiene ochenta y cuatro años de edad y rápidamente está perdiendo su independencia, lo cual comprensiblemente es muy difícil para ella. Desde su punto de vista, probablemente ella estaba sorprendida por el modo en que discurrieron los acontecimientos. De repente, yo le había enviado documentos pidiéndole que firmase para que sus decisiones de salud las tomase mi hija si yo estaba fuera de la ciudad, sin explicarle exactamente lo que eso significaba. Después de esperar unas horas porque yo temía hacer aquella llamada, finalmente la llamé y le dije que sentía haberme enojado tanto. Para sorpresa mía, ella me dijo que también lo sentía, y que se había comportado mal porque estaba confundida. Dos minutos después, toda la situación quedó resuelta y mi paz regresó, al igual que lo hizo la de ella.

Después del incidente comprendí que yo podría y debería haber manejado la situación con mucha más sabiduría e interés del que había mostrado por los sentimientos de ella. Me arrepentí genuinamente delante de Dios, no sólo por haber estado tres días enojada, sino también por haber chismeado acerca de la situación con otras personas.

Quería compartir contigo esta historia simplemente para mostrarte que el enojo puede llegar rápidamente, e independientemente de lo "cristianos" que seamos, nunca estamos por encima de la tentación de enojarnos. Yo lamento haberle dado rienda suelta durante tres días, pero estoy contenta de no haber dejado que se convirtiese en una raíz de amargura en mi vida y siguiera envenenando mi alma por más tiempo.

Dios es lento para la ira, y nosotros deberíamos ser igual. Él retiene su ira; eso significa dominio propio. Dios con frecuencia contuvo su enojo y no se dejó llevar por la ira (Salmo 78:38).

"Contuvo" significa que Él lo controló. Recuerda: el dominio propio es un fruto del Espíritu. Es un aspecto del carácter de Dios que Él ha compartido con nosotros. Vemos muchos ejemplos en la Biblia en los que el hombre provocó a ira a Dios, y Él se contuvo. En la situación con mi tía, yo necesité cuatro días para contenerme, y no estoy orgullosa de ello.

Nuestro deseo debería ser siempre el de ser cada vez más piadosos en nuestra conducta. El siguiente es un ejemplo para que lo sigamos:

> Cuando nuestros padres estaban en Egipto, no tomaron en cuenta tus maravillas; no tuvieron presente tu bondad infinita y se rebelaron junto al mar, el Mar Rojo. Pero Dios los salvó, haciendo honor a su nombre, para mostrar su gran poder.
>
> *Salmo 106:7–8*

Aunque los hijos de Israel fueron rebeldes y merecían castigo, Dios les perdonó y mostró que la misericordia era su propia naturaleza. En otras palabras, Dios es amor, y no es algo que Él enciende y apaga. Él es siempre el mismo, y nunca permite que la conducta de otros le cambie. Yo permití que la conducta de mi tía me cambiase rápidamente, pero si hubiera tomado tiempo para pensar antes de reaccionar, toda la situación podría haber sido diferente. Yo reaccioné según mis emociones, en lugar de actuar según la Palabra de Dios y seguir el ejemplo de Él. Durante muchos años de mi vida hice lo mismo en muchas situaciones. El enojo era algo que sucedía con bastante frecuencia diariamente hasta que estuve dispuesta a permitir que Dios me cambiase.

En el siguiente capítulo hablaré del modo en que Dave confrontó mi mala conducta pero nunca me trató mal. Esa característica de estabilidad y continua disposición a mostrarme amor fue una de las principales razones de mi deseo de cambiar mi mala conducta. Si Dave sencillamente se hubiera enojado y me hubiese gritado, acusado y amenazado con perder nuestra relación, puede que yo nunca hubiera cambiado. Yo estaba en un momento en mi vida en el que necesitaba desesperadamente ver el amor en acción, y Dave me lo demostró.

A veces las palabras no son suficientes. Decir palabras de amor es común en nuestra sociedad. Mi padre, que abusó de mí sexualmente, me decía que me quería. Mi madre, que me abandonó, me decía que me quería. Amigas que me habían mentido me habían dicho que me querían, y por eso las palabras habían perdido el significado para mí. Dave no sólo me dijo que me quería, él me mostró el tipo de amor que Dios quiere dar a los demás por medio de nosotros. ¡Su propio amor!

Enojo incontrolado

El enojo incontrolado puede convertirse rápidamente en furia; y la furia es peligrosa. En ese estado, las personas dicen y hacen todo tipo de cosas que pueden alterar el curso de sus vidas. ¿Has oído alguna vez la afirmación: "Estaba tan enojado que ni siquiera podía ver con claridad"? Así es como yo me sentí el día en que me enojé tanto con mi tía. Ahora entiendo que el enojo que yo sentí tenía más que ver conmigo que con la situación. Creo que yo había permitido que se acumulase cierto resentimiento en mí que necesitaba ser resuelto, y el incidente con ella fue la gota que colmó el vaso, por así decirlo.

Cuando experimentamos el enojo de otras personas llegar hacia nosotros, con bastante frecuencia su enojo implica mucho más que la situación actual. Podríamos estar conduciendo en medio del tráfico y hacer que otra persona se enfurezca porque nosotros no indicamos adecuadamente nuestro movimiento. Ese enojo está fuera de proporción con la ofensa. Nosotros cometimos un sencillo error y ellos están lo bastante enojados para ofendernos, pero aunque el enojo está siendo dirigido a nosotros, realmente no se trata en absoluto de nosotros. Es una acumulación quizá incluso de años de problemas sin resolver en la vida de ellos. Actualmente, con frecuencia oímos que algún pistolero ha entrado en un edificio y ha disparado a varias personas, matando a algunas e hiriendo a otras. En su furia, esa persona comenzó a disparar a personas a las que ni siquiera conocía. ¿Por qué? Su furia se había acumulado hasta llegar al estado de violencia incontrolada.

¿Cuántas personas están actualmente en la cárcel porque mataron a alguien en un ataque de furia? ¿Cuántas han arruinado o han dañado gravemente relaciones porque dijeron cosas terribles e hirientes cuando estaban enfurecidas? Piensa en cuántas personas habrían tenido vidas mejores en este momento si les hubieran enseñado a manejar adecuadamente la emoción del enojo.

El acto de furia más asombroso se produjo cuando los judíos fueron incitados a crucificar a Jesús, que había venido a salvarles y no había hecho nada malo. Este acto de injusticia es el más horrible en la Historia; sin embargo, Dios perdonó e hizo nacer un plan para nuestra total redención y restauración. ¡Increíble amor!

La única manera de evitar la furia es contar hasta 100 cuando te enojes, o hasta 1000, o hasta donde tengas que contar hasta que te calmes. Haz eso antes de decir nada o emprender ninguna acción. Yo siempre digo: "Deja que tus emociones se calmen y entonces decide".

No desperdicies tu energía emocional en el enojo

Enojarse se lleva mucha energía. ¿Has notado alguna vez lo cansado que estás después de un arrebato de enojo? Yo lo he hecho, y a mi edad finalmente me di cuenta de que no tengo tiempo que desperdiciar en mi vida. El enojo es una pérdida, y nunca hace a nadie ningún bien a menos que sea un enojo recto, y ese es otro tema para otro capítulo. Aprendí que cuando me enojaba de verdad era necesario mucho tiempo para que me calmase, y finalmente me di cuenta de que era mejor utilizar un poco de energía para controlar el enojo al principio que emplear toda mi energía enojándome y después intentando calmarme. El siguiente es un buen consejo: si no estás de acuerdo con alguien, deja a esa persona en manos de Dios. Pídele a Él que revele quién tiene razón y quién está equivocado, y está dispuesto a afrontar la verdad si Él dice que eres tú.

Durante demasiados años yo desperdicié energía discutiendo con Dave por cosas triviales que en realidad no constituían diferencia alguna, a excepción de que yo quería tener la razón. Pero el amor renuncia a su derecho a tener la razón (1 Corintios 13:5). ¡Tener la razón no es tan bueno como dicen que es! La energía que desperdiciamos intentando demostrar que tenemos la razón es verdaderamente una energía mal situada la mayor parte del tiempo. Incluso cuando yo discutía con Dave el tiempo suficiente para hacerle decir: "Tienes razón", aun así yo no ganaba, porque había defraudado a Dios con mi conducta y había sido un mal ejemplo para todos los que me rodeaban.

La paz nos da poder, pero el enojo nos hace débiles. Escojamos y sigamos la paz con Dios, con nosotros mismos y con los hombres.

> En efecto, el que quiera amar la vida y gozar de días felices, que refrene su lengua de hablar el mal y sus labios de proferir engaños; que se aparte del mal y haga el bien; que busque la paz y la siga.
>
> *1 Pedro 3:10–11*

Espero que tomases el tiempo para leer la escritura anterior. Me hizo ver finalmente que yo no sólo podía orar por la paz, sino que tenía que buscarla, seguirla e ir tras ella con todo mi corazón. Tenía que estar dispuesta a realizar ajustes y adaptarme a otras personas a fin de tener paz. También tenía que estar dispuesta a humillarme a mí misma como hice el día en que llamé a mi tía para disculparme, si verdaderamente quería paz.

¿Cuánto vale la paz para ti? Si no la consideras muy valiosa, nunca harás lo que debes hacer a fin de tenerla. Controlar tu enojo y aprender a perdonar con generosidad y rapidez son partes de mantener la paz. Pero estar siempre dispuestos a sacrificar nuestro propio deseo, especialmente el deseo de tener la razón, es también una parte diaria de disfrutar de la paz que Dios ha proporcionado en Jesucristo. Yo he descubierto que Dios es mucho mejor para reivindicarme de lo que lo soy yo al intentar reivindicarme a mí misma. Permite que Dios sea Dios en tu vida, y disfrutarás también de mayor paz.

La emoción del enojo no tiene por qué gobernarte. Siempre

estará alrededor buscando una oportunidad de levantar su fea cabeza, pero mediante el liderazgo del Espíritu Santo, la oración y el dominio propio no tenemos que ceder a él. La Palabra de Dios afirma que Él nos dará la capacidad de gobernar en medio de nuestros enemigos, y en cuanto a mí respecta, el enojo es un enemigo en mi vida al que me niego a someterme. Hazte un favor a ti mismo... suelta el enojo, déjalo atrás y disfruta de la paz de Dios.

CAPÍTULO
3

Las raíces del enojo

Hay cosas por las que nos enojamos, pero también hay personas que se enojan por nada en particular; sencillamente están enojadas. A veces no sabemos de dónde proviene nuestro enojo. Más de una persona me ha dicho: "Muchas veces me siento enojado y ni siquiera sé por qué... ¿qué me pasa?". En algún lugar hay una raíz de ese enojo, y la oración, un poco de investigación y mucho de afrontar la verdad normalmente la saca a la superficie. He descubierto que Dios normalmente me muestra cuál es mi problema realmente si se lo pido. Lo que Él me muestra no es siempre lo que yo quiero escuchar, especialmente si Él revela que yo soy el problema, pero Él desea que nos enfrentemos a la verdad en lo profundo de nuestro ser y permitamos que nos haga libres.

Hasta que yo fui una mujer de mediana edad, tuve un problema de enojo. Siempre que las cosas no se hacían a mi manera, estallaba mi mal genio enseguida, porque había observado a mi padre comportarse de ese mismo modo. Las personas enojadas con frecuencia provienen de familias enojadas. Es una conducta aprendida, y hasta que se confronta, el enojo es más que probable que permanezca. Por ejemplo, las estadísticas nos dicen que muchos hombres que golpean a sus esposas fueron testigos del mismo tipo de conducta por parte de su padre hacia su madre. Aunque puede que aborreciesen ver a su madre maltratada, ellos con frecuencia manejan el conflicto del mismo modo.

Mi padre era violento frecuentemente hacia mi madre, en especial si había estado bebiendo. Él era un hombre enojado, y aunque nunca sacó completamente las raíces del porqué estaba tan enojado, sí supimos que su padre era también un hombre enojado a quien era difícil de agradar, y utilizaba el enojo como método de control en su hogar. La Biblia nos enseña que los pecados y la conducta que los acompaña son heredados de generación a generación a menos que alguien aprenda a amar a Dios y comience a aplicar los principios de Él a su vida (Deuteronomio 5:8–10).

Yo he visto romperse el ciclo del enojo y la violencia en mi familia durante mi vida, y Dios quiere que hagamos lo mismo por cualquier persona que tenga un problema con el enojo. Toma algún tiempo y piensa en el lugar en que te criaste. ¿Cuál era la atmósfera? ¿Cómo se trataban los adultos mutuamente en el conflicto? ¿Estaba la casa llena de pretensión o se relacionaban las personas con sinceridad y apertura? Si resulta que eres una de las pocas y benditas personas que se criaron en una atmósfera piadosa, deberías dar gracias a Dios porque eso te dio una ventaja en la vida. Sin embargo, quienes no tuvimos un buen ejemplo podemos recobrarnos por medio del amor de Dios y la verdad de su Palabra.

Cómo emplear la confrontación piadosa

No sólo mi padre era violento, sino que mi madre nunca le confrontó. Ella era tímida, así que se acobardaba bajo su autoridad abusiva. No sólo no se protegía a ella misma, sino que tampoco me protegía a mí. Yo aprendí a despreciar lo que veía como debilidad en ella, y decidí temprano en la vida que yo nunca sería débil ni permitiría que nadie me maltratase. En un esfuerzo por protegerme a mí misma, me volví controladora. Pensaba que si mantenía bajo control todo y a todos, entonces no sería herida, pero mi curso de conducta no funcionó, porque no era piadoso. Mi esposo finalmente utilizó la confrontación piadosa en nuestra relación, y aunque fue necesario tiempo, me ayudó a cambiar.

Aunque somos llamados a la paz y deberíamos buscar y seguir la paz, tener temor a confrontar a las personas que nos tratan mal no es el modo de manejar el conflicto. Finalmente aprendimos en nuestro hogar que la apertura y la verdad son las mejores políticas en todo momento. Dave y yo tenemos cuatro hijos adultos, y todos pasamos mucho tiempo juntos. Hay veces en que nos enojamos y se dicen cosas que causan conflicto, pero me alegra decir que nadie permanece enojado por mucho tiempo. Confrontamos los problemas, e incluso si no estamos de acuerdo, intentamos estar en desacuerdo en conformidad. Conocemos los peligros de las peleas y estamos comprometidos a mantenerlas fuera en nuestra familia. Comparto esto para mostrar que aunque yo me crié en un hogar enojado e inicialmente llevé ese enojo a mi propio hogar, ese patrón pecaminoso ha sido roto por la misericordia y la gracia de Dios, y mediante la obediencia a su Palabra.

La confrontación piadosa comienza confrontando cuando Dios nos dirige a hacerlo y esperando hasta que Dios nos dirija a hacerlo. Demasiada confrontación demasiado temprano sencillamente puede hacer que la persona enojada se enoje aún más. Plantea el problema de manera calmada y amorosa, e intenta hacerlo en una conversación llana y sencilla. Confrontar el enojo con enojo nunca funciona, y por eso es importante que permanezcas en calma durante la confrontación.

La respuesta amable calma el enojo, pero la agresiva echa leña al fuego.

Proverbios 15:1

La lengua que brinda consuelo es árbol de vida; la lengua insidiosa deprime el espíritu.

Proverbios 15:4

Con paciencia se convence al gobernante. ¡La lengua amable quebranta hasta los huesos!

Proverbios 25:15

Dile a la persona a la que estás confrontando el modo en que su conducta te hace sentir, y hazle saber que es inaceptable. Intenta mantener tu tono de voz amable pero a la vez firme. Confirma que amas a la persona y quieres que la relación sea sana, pero que no aceptarás la falta de respeto y el trato abusivo de ningún tipo. No te sorprendas si la persona inicialmente no acepta lo que tú estás diciendo. Normalmente necesitamos tiempo para que las cosas se asimilen en nuestros pensamientos. No te sorprendas si la persona se enoja y comienza a acusarte de ser tú el problema. Mantente firme en tu decisión, ora mucho, y dale a Dios tiempo para obrar. Con bastante frecuencia la persona regresará más adelante y te dirá que lo siente y que entiende que tú tienes la razón.

Cuando Dave me confrontó, me dijo que me quería pero que

no iba a poder respetarme si yo no estaba dispuesta a afrontar mi conducta poco piadosa y permitir que Dios me cambiase. Me dijo cómo le hacían sentir mi actitud y mis palabras hacia él, y me hizo saber que muchos de sus sentimientos dañados con respecto a mí necesitarían tiempo para sanar. Nunca me trató mal, ni me apartó de su vida mediante el silencio, pero fue firme y decidido. Al principio yo me rebelé, estaba muy a la defensiva e intenté decirle todas las cosas que él hacía mal; pero finalmente acepté mi responsabilidad y comencé a trabajar con el Espíritu Santo hacia el cambio. La calma y la firme estabilidad que Dave demostró en todo el proceso fueron muy importantes, y creo que es importante para cualquiera que esté en una situación que necesite ser confrontada.

Usado y mal usado

Abusar significa ser usado mal o ser usado de manera inadecuada. Cuando un padre abusa sexualmente de una hija, está utilizando a esa niña de una manera que está mal. Cuando una madre no tiene amorosas palabras de bondad para sus hijos, está siendo abusiva porque su trato es inadecuado. Cuando un esposo golpea o maltrata a su esposa, es un abusador. Cuando cualquiera intenta controlar a otra persona, eso es abuso. Dios nos ha creado para necesitar amor, aceptación y libertad; esas necesidades son parte de nuestro ADN, y nunca funcionaremos adecuadamente sin ellas.

Yo me veo abrumada incluso cuando intento pensar en el abuso en nuestra sociedad actualmente. Parece que vivimos en un mundo enojado en el que la mayoría de las personas son como bombas de tiempo esperando explotar en cualquier momento. Las personas se han vuelto muy egoístas y centradas en sí mismas, y su enojo ha crecido juntamente con eso. En cuanto a mí respecta, Dios es la única respuesta a los problemas a que nos enfrentamos en la actualidad. No podemos controlar lo que el mundo hace, pero podemos decidir no seguir sus caminos. Deberíamos tomar nuestra decisión a favor de Dios y de sus caminos, y cuando lo hagamos, nuestras vidas pueden convertirse en una luz que será un brillante ejemplo para los demás. Declaremos: "elijan ustedes mismos a quiénes van a servir... mi familia y yo serviremos al Señor" (Josué 24:15).

Cualquier tipo de abuso deja enojadas a las personas. ¿Estás enojado con alguien que abusó de ti? Quizá perdonar a esa persona sea el comienzo de tu propia sanidad y cambio. Juan 20:23 registra a Jesús diciendo a sus discípulos que a quienes retengan los pecados les serán retenidos; pero si los perdonasen les serían perdonados. Cuando nos negamos a perdonar a alguien que nos ha hecho daño, quizá mantenemos el pecado en nosotros y lo repetimos nosotros mismos. Muchas personas que han sufrido abuso se convierten en abusadores. Como mínimo, están enojadas y son incapaces de cambiar hasta que perdonan por completo a aquellos que les han herido. Satanás se asegurará de que haya alguien que nos haga daño a cada uno de nosotros, esperando que vivamos vidas enojadas. Pero recuerda Eclesiastés 7:9: "No te dejes llevar por el enojo que sólo abriga el corazón del necio". Somos necios si retenemos el enojo que sentimos cuando alguien nos hace daño. Hazte un favor a ti mismo y perdona.

En 1985, la abuela de Bill Pelke, Ruth, fue asesinada por cuatro muchachas adolescentes. Ella era una maravillosa mujer cristiana que dirigía estudios bíblicos en su casa. Una tarde, abrió su puerta a un grupo, esperando enseñarles la Palabra de

Dios. En cambio, las muchachas entraron en su casa y la asesinaron brutalmente.

Una noche en noviembre de 1986, Bill se encontró pensando en su abuela.

*   *   *

El 2 de noviembre de 1986 [dice Pelke] yo había estado pensando en la vida y la muerte de Nana. Comencé a pensar en su fe. Nana era una cristiana devota, y yo fui criado en una familia cristiana. Recordé que Jesús dijo que si queríamos que nuestro Padre celestial nos perdonase, teníamos que perdonar a quienes nos habían ofendido... Yo sabía que Jesús estaba diciendo que el perdón debería ser un hábito, un modo de vida. Perdonar, perdonar, perdonar, y seguir perdonando... Pensé que yo probablemente debería intentar perdonar [a Paula Cooper, la muchacha de quince años y cabecilla] por lo que le había hecho a Nana. Pensé que quizá algún día lo haría porque eso sería lo correcto.

Cuanto más pensaba en Nana, más me convencía de que ella habría quedado consternada por la sentencia de muerte que Paula recibió... También sentí que ella querría que alguien en mi familia mostrase el mismo tipo de amor y compasión. Sentí que recaía sobre mis hombros. Aunque yo sabía que el perdón era lo correcto, el amor y la compasión parecían fuera de la cuestión porque Nana había sido asesinada brutalmente. Pero al estar tan convencido de que eso era lo que Nana habría querido y sin saber ninguna otra manera de lograrlo, supliqué a Dios que me diese amor y compasión por Paula Cooper y su familia y hacerlo en nombre de Nana.

Fue solamente una breve oración, pero inmediatamente

comencé a pensar en cómo podría escribir a Paula y hablarle del tipo de persona que era Nana y por qué Nana le había permitido entrar en su casa en un principio. Quería compartir con ella la fe de Nana.

Entendí que la oración por amor y compasión había sido respondida porque yo quería ayudar a Paula y de repente supe que estaría mal ejecutarla. Aquella noche aprendí la lección más poderosa de mi vida. Se trataba del poder sanador del perdón. Cuando mi corazón fue tocado con compasión, tuvo lugar el perdón. Cuando tuvo lugar el perdón, produjo una sanidad tremenda. Había pasado un año y medio desde la muerte de Nana, y siempre que yo pensaba en Nana durante ese periodo me imaginaba cómo murió. Era terrible pensar en la horrenda muerte que ella sufrió. Pero yo supe cuando mi corazón fue tocado con compasión y con el perdón que eso produjo, que desde ese momento en adelante siempre que pensase otra vez en Nana, ya no imaginaría cómo murió sino que imaginaría cómo vivió, lo que defendía, aquello en lo que creía, y la hermosa y maravillosa persona que era.

El perdón no significa justificar lo que Cooper hizo, ni tampoco significa que no debería haber ninguna consecuencia por su acto. Sin duda, no significaba perdonar y olvidar. Yo nunca olvidaré lo que le sucedió a Nana, pero puedo soltar cualquier deseo de ajustar cuentas con Paula. Puedo desear que a ella le sucedan cosas buenas.

*   *   *

Historias reales como la anterior son muy inspiradoras y demuestran que podemos ciertamente perdonar a cualquiera por cualquier cosa si miramos más allá de lo que nos han hecho, hacia lo que va a ser lo mejor a largo plazo para todos los implicados. Dios me ha estado enseñando no sólo a ver lo que la parte que me ha ofendido me ha hecho, sino a ver incluso con mayor fuerza lo que se han hecho a ellos mismos y estar dispuesta a perdonarles y orar por ellos.

El enojo arraigado en el perfeccionismo

Si tenemos expectativas poco realistas de nosotros mismos o de otras personas, eso puede convertirse en una raíz de enojo en nuestra vida. Una persona perfeccionista es alguien que es incapaz de estar satisfecha a menos que las cosas sean perfectas. Dios no es nunca lo bastante bueno, e incluso lo excelente no es lo bastante bueno... las cosas tienen que ser perfectas. A menos que el perfeccionista permita que Dios aporte balance a su vida, el impulso por la perfección con frecuencia se convierte en una fuente de estrés y de infelicidad.

La vida no es perfecta y tampoco lo son las personas que están en ella; sin embargo, Dios nos ha dado la capacidad de soportar cualquier cosa que llegue con buen ánimo si estamos dispuestos a hacerlo.

*   *   *

La madre de Lisa era muy dura con ella, siempre demandando perfección en todo lo que ella hacía. Aunque Lisa no tenía talento musical, su madre insistía en que aprendiese a tocar el piano, y la obligaba a practicar hora tras hora. Casi nunca elogiaba a Lisa por nada, e incluso en las raras ocasiones en que lo hacía, también le recordaba las cosas en las que tenía que seguir trabajando. Como resultado, Lisa tenía un enojo muy arraigado hacia sí misma por lo que ella ve como fracaso en casi todo lo que hace. También es muy legalista y difícil de agradar en sus relaciones con su esposo y sus dos hijos. A los treinta años de edad, Lisa tiene úlceras y síndrome de intestino irritable, que se ven negativamente afectadas por el estrés bajo el cual ella vive constantemente.

Lisa actualmente está trabajando con un consejero cristiano y está realizando cierto progreso, pero es una batalla diaria. La vida sucede cada día, y al final de cada día normalmente ha sucedido algo imperfecto que Lisa tiene que decidir de modo consciente que no permitirá que le moleste. Ella quiere ser libre de la tiranía del perfeccionismo, pero su mente necesitará un tiempo para ser renovada en esta área. Lisa tendrá que aprender a actuar según la Palabra de Dios, creyendo lo que dice y no reaccionando emocionalmente a situaciones basándose en el recuerdo de las demandantes expectativas de su madre.

Jesús es el único que cumplió o cumplirá todos los requisitos de la ley perfectamente, y Él lo hizo por nosotros para que pudiéramos ser libres. Aunque puede que tengamos una actitud de corazón perfecta hacia Dios y deseemos la perfección, manifestaremos alguna imperfección mientras vivamos en cuerpos naturales de carne y sangre y tengamos almas que se vean influenciadas por todo lo que nos rodea. Mediante el estudio de la Palabra de Dios y pasando tiempo con Él, crecemos hacia la meta de la perfección, pero debemos aprender a estar gozosos donde estamos en el camino hacia donde nos dirigimos.

La vida se trata del viaje, no del destino.

La fuerza de Dios se fortalece en nuestras debilidades. Podemos ser fuertes, pero solamente en Él. No nos hace absolutamente ningún bien enojarnos con nosotros mismos, porque no podemos ser perfectos todo el tiempo. ¡Yo he aprendido a hacer todo lo que puedo y dejar a Dios hacer el resto!

Necesidades no satisfechas

Todos tenemos necesidades legítimas, y no es malo esperar que quienes se relacionan con nosotros satisfagan algunas de esas necesidades. Sin embargo, debemos asegurarnos de mirar a Dios en primer lugar y confiar en Él para que obre por medio de otros. La mayoría de personas son atraídas hacia personalidades contrarias. Dios planeó que todos nosotros fuésemos diferentes a fin de que nos necesitásemos los unos a los otros. Ninguna persona lo tiene todo, sino que cada uno tiene una parte de lo que se necesita para mantener un sano balance en la vida. Yo soy muy agresiva y mi esposo es un poco más retraído. Por muchos años eso fue la fuente de discusiones entre nosotros, pero ahora vemos que yo con frecuencia le impulso a emprender la acción, y él me retiene de modo que yo no actúe impulsivamente. Juntos estamos bien equilibrados. Puede que tú estés en una situación similar, pero si no la consideras adecuadamente, pasarás tu vida intentando conseguir que alguien te dé algo que esa persona ni siquiera entiende que necesitas simplemente porque es distinta a ti.

Creo que Dios satisfará todas nuestras necesidades legítimas, pero Él lo hace mediante quien Él escoge. Yo pasé mucho tiempo enojada con Dave porque él no me entendía, o porque no quería pasar horas hablando conmigo de nuestros problemas. Su plan era sencillo: él quería reconocer el problema, hacer lo que pudiéramos hacer y entonces echar nuestra ansiedad sobre Dios (1 Pedro 5:7). Por otro lado, yo quería saber qué deberíamos hacer. Dave desde luego tenía razón, pero yo no sólo tenía una personalidad distinta a él, sino que también era menos madura en el área de confiar en Dios.

A lo largo de los años he aprendido a no mantener un registro mental de lo que yo considero que son necesidades no satisfechas que finalmente se convertirá en una raíz de enojo en mi vida, sino confiar en Dios para cada necesidad que tengo. Sé que Dave me quiere y que desea satisfacer mis necesidades, pero lo cierto es que él no siempre las ve o sabe qué hacer porque no es parte del modo en que Dios le formó. He aprendido a ver todas las cosas maravillosas que Dave sí hace y no fijarme en las pocas que no hace.

Un corazón agradecido que da gracias por lo que sí tiene es un corazón más exitoso en evitar el enojo y el resentimiento. Sé agradecido y exprésalo, y resiste agresivamente el enojo, porque si no lo hacer te hará más daño a ti que a ninguna otra persona.

La necesidad de corrección

En aquellos primeros años de nuestro matrimonio, yo realmente necesitaba que Dave me corrigiese, aunque inicialmente no me gustaba. Él lo hacía porque me amaba y quería que nuestra relación fuese sana. La Biblia nos enseña que un verdadero amigo nos herirá con golpes de corrección cuando sea necesario. Con frecuencia nos resulta más fácil simplemente ignorar la mala conducta porque no queremos tratar el drama que surge cuando sí aportamos corrección, pero el interés genuino por la otra persona no nos permitirá hacer eso.

Los niños no sólo necesitan amor y afecto, sino también

corrección. Si un niño no es corregido, se vuelve rebelde e irrespetuoso. Un gran porcentaje de hombres y mujeres que están en la cárcel testifican que sus padres nunca les corrigieron adecuadamente. Nuestra hija Sandra y su esposo Steve tienen niñas gemelas que en la actualidad tienen ocho años de edad. Steve y Sandra son muy buenos padres y muestran mucho amor, pero también son firmes en su corrección. Solamente para mostrar el modo en que los niños responden a un buen balance de amor y corrección, permíteme compartir contigo una nota que mi nieta Angel escribió a su mamá mientras pasaba la tarde sola en su cuarto al haber recibido corrección por haber mentido.

"Querida mamá: te quiero mucho, me importas y quiero que sepas que te quiero mucho, mucho, mucho, mucho".

Angel sabía que ser corregida era lo correcto para ella y que fue un acto de amor por parte de sus padres. Ella le escribió una nota parecida a su papá.

La Palabra de Dios nos dice que Él castiga (corrige) a quienes ama (Hebreos 12:6). Él establece el ejemplo que quiere que sigamos con nuestros hijos. Da a tus hijos mucho amor, mucho perdón, y confrontación y corrección en el momento adecuado.

Muchas raíces de enojo se arraigan en nuestras vidas, y quizá la raíz de tu enojo no haya sido abordada aquí. Pide a Dios que te muestre por qué estás enojado. Cuando te enojes, piensa no sólo en lo que desencadenó ese enojo, sino comprueba si te recuerda algunas otras veces en tu vida en que te sentiste de modo parecido. ¿Hay un patrón?

Aunque entender la raíz de un problema no resuelve por sí

mismo el problema, puede aportar perspectiva y entendimiento, que es un estupendo primer paso hacia la sanidad.

Tenemos muchas necesidades en nuestra vida, y cuando esas necesidades no son satisfechas, pueden causarnos problemas de enojo, pero la verdad nos hará libres. Sencillamente entender de dónde surge nuestro enojo es verdad suficiente para comenzar el proceso de sanidad.

CAPÍTULO

4

La raíz de los celos

Cruel es la furia, y arrolladora la ira, pero ¿quién puede
enfrentarse a la envidia?

Proverbios 27:4

Los celos son una cosa terrible. Con frecuencia se hace referencia a ellos como "el monstruo de ojos verdes", y se debe a
que devora la vida de aquel que le permite estar en su corazón.
Según Proverbios 27:4, es peor que la furia y la ira. Los celos
suponen un problema tan inmenso que siento que se merecen
un capítulo propio.

Jennifer pasó su vida comparándose con su hermana Jacque;
eran gemelas, pero no idénticas. Jacque nació en primer lugar
y tenía una personalidad alegre y extrovertida, mientras que
Jennifer era tímida y tranquila. En lugar de descubrir y desarrollar sus capacidades, Jennifer adoptó la perezosa característica de tener celos de lo que su hermana podía hacer. Digo que
los celos es pereza porque no se necesita esfuerzo alguno para
quedarse sentado sintiendo lástima por uno mismo y teniendo
resentimiento por otros que tienen lo que nosotros queremos.

Sí, Jacque era talentosa en muchos aspectos, pero realmente Jennifer también lo era; sin embargo, su amargura hacia su hermana evitaba que viese sus propios talentos. A medida que pasaron los años, lo que podría haber sido y debería haber sido una relación cercana y amorosa entre hermanas se convirtió en una competición por parte de Jennifer. La envidia y los celos que siempre estaban presentes en el corazón de Jennifer proyectaron una oscura sombra sobre sus años de adolescencia. Jacque estaba tan contenta y tan llena de vida que apenas notaba la amargura que había en la actitud de su hermana, y eso enfurecía aún más a Jennifer. Ella quería que su hermana notase lo infeliz que ella era y, además, quería que su hermana también fuese infeliz.

Cuando ya eran adultas y tenían hijos propios, Jacque sí se dio cuenta de que había un problema, pero a pesar de todo lo que ella probase para desarrollar una relación cercana con Jennifer, nunca funcionaba. Las dos eran socialmente correctas en la una con la otra, pero el distanciamiento siempre estaba presente. Esa corriente subterránea de enojo podían sentirla todos los demás, y toda la familia sufría por la inseguridad y la envidia de una mujer.

¿Cómo comienza un ciclo como ese en las vidas de las personas? Satanás siempre está alrededor intentando encontrar una manera de producir pelea entre las personas, especialmente entre familiares. Quizá los padres de Jennifer elogiasen a Jacque por un trabajo bien hecho el mismo día en que habían corregido a Jennifer por un mal juicio, y Satanás utilizó la situación para sembrar una semilla de falta de confianza y amargura. Puede que haya miles de situaciones diferentes, pero el resultado es siempre el mismo. Cuando vivimos en la pelea arraigada en los celos, abandonamos la paz, el gozo y la vida abundante que Dios desea que tengamos.

El décimo mandamiento que Dios dio a Moisés para que llevase al pueblo fue: "No codicies la casa de tu prójimo: No codicies su esposa, ni su esclavo, ni su esclava, ni su buey, ni su burro, ni nada que le pertenezca" (Éxodo 20:17). El mandamiento significa que no deberíamos tener envidia o estar celosos de nada de lo que tenga otra persona. La envidia es un pecado del corazón; es una actitud que alimenta la pelea y el enojo, y causa división. Dios quiere que estemos contentos por las bendiciones de los demás, y hasta que podamos hacer eso, normalmente no obtenemos lo que deseamos. O en el caso de que obtengamos lo que queremos, no somos capaces de estar felices y contentos con ello porque siempre veremos a otra persona que tiene más de lo que nosotros tenemos y volveremos a ser infelices.

El apóstol Pablo dijo que él no envidiaba ni la plata, ni el oro ni la ropa de nadie (Hechos 20:33). Él estaba contento con hacer lo que Dios le había llamado a hacer y con ser la persona que Dios quería que fuese. El contentamiento es un lugar bendito donde habitar, pero un lugar que pocos encuentran y en el que no permanecen por mucho tiempo. Pablo conocía un secreto. Sabía que él estaba en la voluntad de Dios y que Dios proveería lo que fuese adecuado para él en el momento correcto. No era un hombre pasivo sin deseos, sino que era un hombre de fe que tenía completa confianza en la bondad y la sabiduría de Dios.

Juan el Bautista era otro hombre de Dios que aparentemente no tenía envidia. La Biblia dice en Juan 3:25–27 que surgió una controversia entre los discípulos de Juan y los de Jesús con respecto a la doctrina de la purificación. Juan había estado bautizando a las personas y ahora los discípulos de Jesús habían llegado y estaban bautizando, y la gente acudía en masa a

Jesús. Vemos que la raíz de los celos causa enojo y contención. Cuando el informe llegó a Juan, él dijo: "Nadie puede recibir nada a menos que Dios se lo conceda".

Cuando yo batallaba en mi propia vida con los celos y sentía enojo porque no siempre tenía lo que otros tenían, estas escrituras realmente me ayudaron. Comencé a entender que si yo confiaba en Dios, entonces tenía que confiar en que lo que Él me daba era lo correcto para mí y que estaba muy mal tener celos de lo que Él había dado a otra persona.

Dios nos conoce mejor de lo que nosotros mismos nos conocemos, y podemos disfrutar de contentamiento si confiamos en que, en su bondad, Él nunca retendrá ninguna cosa buena de nosotros en el momento apropiado.

El apóstol Santiago nos dice que las peleas (discordia y enemistades) y los conflictos (luchas) se originan de los deseos que tenemos que siempre hacen guerra en los miembros de nuestro cuerpo. Somos celosos y codiciamos lo que otros tienen, y nuestros deseos no son satisfechos. Entonces comenzamos a odiar, que es asesinato por lo que respecta al corazón. Santiago afirma que las personas arden de envidia y enojo y no pueden obtener la gratificación, el contentamiento y la felicidad que buscan. Entonces Santiago dice algo que se convirtió en un versículo fundamental en mi propia vida:

No tienen, porque no piden.

Santiago 4:2b

Estas pocas palabras me liberaron de la frustración de no tener lo que yo quería y estar celosa de otros que sí lo tenían. Vi con claridad que si yo quería algo, tenía que pedírselo a Dios y confiar en que si era lo adecuado para mí, Él me lo daría a su propio tiempo. Con Dios, siempre hay suficiente. Puede que Él no siempre nos dé lo que otra persona tiene, pero siempre proveerá para nosotros abundantemente si confiamos en Él y en su momento en nuestras vidas.

Yo también aprendí que si Dios no me daba lo que yo quería, no se debía a que Él me estuviese reteniendo algo, sino a que Él tenía algo mejor en mente y que yo debería estar contenta con esperarlo. Antes de entender "No tienen, porque no piden", mi corazón estaba lleno de peleas porque yo operaba en las obras de la carne e intentaba hacer funcionar mis propias ideas y planes. Yo decidía lo que quería y me comportaba como si Dios estuviese obligado a dármelo. Tenía una actitud muy infantil y egoísta. Los celos son ciertamente crueles.

Enojo que se volvió violento

El rey Saúl estaba tan enojado que intentó en repetidas ocasiones matar a David, y su enojo fue un resultado de los celos que estaban arraigados en el temor a perder su posición a favor de David (1 Samuel 18:6–12). Saúl estaba tan enfurecido que en cierto momento lanzó su lanza a su hijo Jonatán porque David y él eran amigos (1 Samuel 20:30–34). Podemos ver enseguida que su enojo y sus celos se convirtieron en furia que le hizo ser un hombre violento.

Hay muchos ejemplos bíblicos, pero no queremos leer el relato de las vidas de otras personas y pasar por alto el problema en nuestra propia vida. ¿Estás celoso de alguien? ¿Te sientes enojado cuando otra persona va mejor que tú en los deportes, los negocios o cualquier otra área en tu vida? Con demasiada frecuencia vemos al enojo levantar su fea cabeza durante las competiciones deportivas. Todos queremos ganar, pero cuando queremos ganar con tanta fuerza que nos enojamos con todos aquellos a quienes les va mejor que a nosotros, estamos equivocados. Recuerdo jugar en una liga de voleibol de la iglesia y ver a cristianos comportarse de manera muy poco piadosa debido a la competición. Este monstruo de ojos verdes de los celos va detrás de todos, y por eso debemos tener cuidado.

Si compruebas que estás celoso de alguien por cualquier motivo, bien puedes hacerte un favor a ti mismo y vencerlo, porque estar celoso nunca te dará nada excepto angustia. Dios tiene un plan único y especial para cada uno de nosotros. Todos somos diferentes, pero igualmente valiosos, y saber eso nos ayuda a estar contentos y satisfechos con quiénes somos y lo que tenemos.

Diferentes pero no menos

Todas las comparaciones y la competencia en nuestra sociedad son muy trágicas y están en la raíz de mucho enojo y división. Sólo porque seamos diferentes a otras personas no significa que seamos menos, o más, de lo que ellos son. Todo es valioso en su propia manera. Mis manos son muy distintas a mis pies; sin embargo, no tienen celos los unos de los otros. Trabajan juntos de manera hermosa, cada uno realizando la función que Dios ha diseñado para ellos. Dios quiere que nosotros hagamos lo mismo. Quiere que veamos nuestra belleza y valor individuales y nunca nos sintamos inferiores debido a que somos diferentes a otra persona. Escuché a un ministro expresarlo de esta manera: "Debemos aprender a estar cómodos en nuestra propia piel".

El enojo refleja sentimientos de inferioridad. Necesitamos

relacionarnos con otras personas como iguales, sin necesidad alguna de sentirnos mejores que ellos y nunca sintiéndonos inferiores. ¡Jesús es el gran igualador! Por medio de Él, todos somos iguales. Él dijo que ya no hay varón ni hembra, judío ni griego, esclavo ni libre, sino que todos somos uno en Él (Gálatas 3:28). Nuestro valor no está en lo que podemos hacer, sino en quiénes somos y a quién pertenecemos. Pertenecemos a Dios, y nuestro aspecto, talentos y otras capacidades vienen de Él. Un hombre bajito no puede hacerse crecer ni un sólo centímetro al preocuparse o estar celoso de otra persona que sea más alta que él. Lo que sí puede hacer es esforzarse por ser el mejor que pueda ser en la vida y no compararse nunca con ninguna otra persona.

Zaqueo era un hombre bajo de estatura. Cuando escuchó que Jesús iba a pasar por allí, realmente quería verle, pero sabía que nunca podría ver por encima de la gran multitud debido a su baja estatura. Zaqueo podría haberse deprimido debido a su tamaño; incluso podría haberlo considerado una desventaja y caer en la autocompasión y la pasividad. Pero Zaqueo no hizo ninguna de esas cosas. En cambio, corrió por delante de la multitud y se subió a un árbol para poder ver con claridad. Cuando Jesús pasó por allí, vio a Zaqueo en el árbol y le dijo que se bajase porque Él iba a ir a cenar a su casa (Lucas 19:1–6). Esta es una de mis historias favoritas de la Biblia porque veo que la buena actitud de Zaqueo agradó a Jesús; le gustó tanto que pasó un tiempo especial con él. Zaqueo podría haberse perdido toda aquella oportunidad si hubiese estado enojado debido a que era bajo de estatura.

Si estás enojado en este momento por cualquier cosa que no eres y desearías ser, te recomiendo firmemente que aprendas una lección de Zaqueo. Haz todo lo que puedas con lo que tienes para trabajar, y Dios siempre compensará la diferencia y te ascenderá en la vida. Entiende que Dios te creó cuidadosamente con sus propias manos en el vientre de tu madre, y Él no comete errores. Todo lo que Dios creó es bueno, y eso te incluye a ti.

Te sugiero que tomes unos momentos y hagas una lista de cualquier cosa que no te guste de tu aspecto físico o tus capacidades. Después de hacerlo, pide a Dios que te perdone por no gustarte lo que Él escogió para ti, rompe la lista, tírala y pide a Dios que te ayude a ser tú mismo plenamente y completamente.

Hasta que yo lo entendí, quería que mi voz fuese más suave, mis piernas fuesen más delgadas y mi cabello fuese más grueso. Cuando veía a mujeres que tenían lo que yo quería, podía sentirme a mí misma apartándolas de mi vida. Cuando estamos celosos de otra persona, eso evita que disfrutemos de él o ella. Yo tenía resentimiento por aquellas mujeres que tenían lo que yo quería, y me sentía inferior a ellas. La verdad es que probablemente a ellas tampoco les gustasen cosas de ellas mismas, y puede que incluso estuvieran celosas de algo que yo tenía y ellas no.

Los celos son una de las herramientas que Satanás utiliza para causar división entre las personas, y es una total pérdida de tiempo por nuestra parte porque no hacen ningún bien, y sin duda no nos ayudan a obtener lo que creemos que queremos.

Una de las razones por las que estoy escribiendo este libro es para ayudarte a tomar la decisión de no seguir desperdiciando tu tiempo haciendo cosas que no producen ningún buen fruto. Verdaderamente nos hacemos un favor a nosotros mismos cuando nos negamos a tener envidia o celos de otros y sencillamente confiamos en el amor de Dios por nosotros.

*   *   *

La historia de José en la Biblia es una historia de increíble victoria. José era el pequeño de la familia y su padre le favorecía. Yo no creo que su padre le quisiera más que a sus hermanos, sencillamente le quería de modo diferente. José era el pequeño, y los pequeños normalmente tienden a obtener un poco más de atención en todas las familias. Sus hermanos estaban celosos, y sus celos les hicieron enojar lo suficiente para vender a José a unos mercaderes de esclavos y después decirle a su padre que un animal salvaje había matado a José. José pasó muchos años en circunstancias muy desfavorables, incluyendo ser encarcelado durante trece años por un delito que no cometió. Pero debido a que tenía una buena actitud, siempre era ascendido en cualquier tarea que se le asignaba. Dios siempre nos asciende en la vida si confiamos en Él y no permitimos que emociones como el temor, la inferioridad, el enojo y los celos nos gobiernen. José pudo haber respondido al enojo de sus hermanos con su propio enojo; pudo haber permitido que ese enojo le hiciese estar amargado y pudo haber arruinado su vida, pero no permitió que la mala decisión de sus hermanos le gobernase.

¿Estás permitiendo que una mala decisión de otra persona te mantenga enojado? Si es así, entonces estás siendo un necio, porque sí tienes otra opción. Puedes hacerte un favor a ti mismo y dejar atrás lo que te hicieron. No siempre podemos cambiar lo que otros hacen, pero no tenemos que permitir que sus decisiones controlen nuestra conducta. Dios nos ha dado a cada uno libre albedrío. Podemos escoger vida o muerte en cada situación. El libre albedrío también significa que tenemos responsabilidad, así que en realidad si yo soy infeliz es culpa mía, porque puedo escoger no serlo.

Si leemos toda la historia de José en la Biblia, aprendemos que finalmente su familia acudió a él muy arrepentida por el modo en que le habían tratado, y él misericordiosamente les ayudó durante un periodo de hambruna. José no sólo se negó a estar enojado y amargado, sino que fue rápido para perdonar a sus hermanos que le habían hecho una cosa verdaderamente terrible. La persona que perdona es siempre mayor que la que está celosa y enojada. Solamente las personas de mente estrecha permiten que los celos y el enojo decidan su destino.

Jesús es nuestro Sanador

Aprendemos en la Escritura que Jesús vino a sanar, pero su sanidad no siempre llega mediante medios milagrosos. La sanidad con frecuencia llega al seguir la receta del Sanador para una vida saludable. En otras palabras, si hacemos lo que Jesús nos ha enseñado a hacer, no sólo tendremos más gozo, sino que también estaremos más sanos.

El corazón tranquilo da vida al cuerpo, pero la envidia corroe los huesos.

Proverbios 14:30

Esto es lo que yo denomino una escritura CARAMBA. La paz promueve la sanidad pero la angustia, la envidia, los celos y la ira pueden causar mala salud. Los médicos nos dicen que el 80 por ciento de todos los síntomas físicos están inducidos por el estrés, y que la buena salud es imposible a menos que el exceso de estrés sea minimizado o eliminado. El enojo me deja sintiéndome muy estresada, y estoy segura de que hace lo mismo contigo. Los celos son enojo con respecto a lo que otra persona tiene y que nosotros no tenemos, y tiene un efecto negativo en nuestra salud.

Cualquier tipo de enojo, sin importar cuál sea su raíz, causa estrés, y el estrés causa enfermedad. Cuando yo experimenté el incidente con mi tía que mencioné anteriormente, recuerdo que me sentía completamente agotada después de un par de días de haber estado enojada. Me dolían varios lugares en mi cuerpo, tenía dolor de cabeza y estaba muy cansada. El enojo no es la voluntad de Dios, y nuestro cuerpo no funciona bien con él.

Yo fui a la iglesia con una mujer que me dijo que sufrió mucho por la artritis durante muchos años hasta que fue capaz de perdonar a un familiar que le había causado una gran injusticia. Cuando ella perdonó, su dolor fue disminuyendo gradualmente con el paso de los días y nunca regresó. No estoy sugiriendo que si tienes artritis entonces también tienes falta de perdón, ni estoy diciendo que si tienes dolores de cabeza es debido a los celos. Lo que sí sugiero es que examines tu corazón y sueltes cualquiera de estas emociones negativas antes de pedirle a Dios que te sane. Yo creo firmemente que las emociones negativas son la raíz de gran parte de enfermedades, y que soltarlas puede ayudar a fomentar la sanidad y la energía en nuestras vidas.

Jesús dijo: "Yo soy el camino". Cuando seguimos sus caminos tendremos la mejor vida posible. Cuando no obedecemos sus principios podemos esperar problemas en todas las áreas de nuestra vida.

Contentamiento

Guardo un diario en el que escribo cada mañana, y cuando veo lo escrito en los últimos años, veo varias entradas que sencillamente dicen: "Estoy contenta". Ser capaz de decir eso significa mucho para mí, porque desperdicié muchos años estando descontenta. Siempre había algo más que yo pensaba que tenía que tener a fin de estar plenamente satisfecha. El apóstol Pablo declaró que él había aprendido "a estar satisfecho" sin importar cuáles fuesen sus circunstancias (Filipenses 4:11). Yo creo que el contentamiento es algo que debemos aprender, porque cada ser humano nace con descontento. Está en nuestra carne, y nunca estaremos tranquilos hasta que dejemos de alimentarlo.

¿Estás contento? Si no es así, por favor busca el contentamiento porque es un lugar maravilloso donde estar. Estar satisfecho no significa que no queramos cosas, sino que estamos contentos con lo que tenemos hasta que Dios vea oportuno darnos algo más. Un padre se siente herido cuando su hijo está descontento a pesar de lo que ese niño tenga. Nosotros vemos lo que hacemos por nuestros hijos, pero ellos ven lo que otros tienen y ellos no. Quieren tener el último modelo de teléfono inteligente, la computadora más nueva, los tenis de marca, y la lista continúa. Nosotros queremos que estén agradecidos por lo que tienen. No nos importa que nos pidan cosas, pero no queremos que estén presionados por una mala actitud que nunca se ve satisfecha. Si nos sentimos así con respecto a nuestros hijos, ¿cómo considera Dios nuestro descontento? No creo que le motive a darnos lo que creemos que queremos, sino que puede motivarle a hacernos esperar por más tiempo hasta que aprendamos lo que es verdaderamente importante en la vida.

Nuestros pensamientos alimentan nuestros sentimientos, así que si te sientes insatisfecho, la manera de sobreponerte a ello es cambiar tu modo de pensar. Piensa en lo que sí tienes en lugar de pensar en lo que no tienes. Piensa en la sabiduría y la bondad de Dios, y recuérdate a ti mismo que Él ha escuchado tus oraciones y hará lo que sea mejor para ti en su momento perfecto. Cada vez que veas a alguien siendo bendecido, especialmente si esa persona tiene algo que tú quieres y aún no tienes, dale gracias a Dios por haberle bendecido. Hazlo en obediencia a Dios, y se producirá gozo en tu corazón.

Mi amiga celosa

Yo tenía una amiga que estaba celosa de lo que Dios me daba, y eso me hacía sentir muy incómoda. Por ejemplo, alguien me regalaba un hermoso anillo, y el comentario de mi amiga era: "Me gustaría que alguien me regalase un anillo". Parte de ser un buen amigo es compartir de modo genuino la alegría mutua. Debido a la actitud de ella, cuando yo era bendecida sentía que era mejor no decírselo. Intentaba guardar mis comentarios para no decir nada que alimentase sus celos y su inseguridad. Estar con ella se convirtió en demasiado trabajo para mí y, tristemente, al final comencé a evitarla.

De lo que hay en el corazón habla la boca. Podemos escuchar envidia salir de la boca de otros, y también podemos escucharla salir de la muestra si escuchamos verdaderamente. Yo estoy decidida a hacerme un favor a mí misma y no tener celos de nadie, y espero que te unas a mí en esta búsqueda santa. Avaricia, envidia y celos pueden causar enojo, y el enojo no causa la justicia que Dios desea.

CAPÍTULO
5

Enmascarar el enojo

Debido a que, en general, el enojo se considera una conducta inaceptable, encontramos maneras de ocultarlo de los demás e incluso de nosotros mismos. Enmascaramos el enojo con otras conductas. Una máscara podría llevarse para ocultar algo que es desagradable ver, para evitar que las personas vean lo que hay detrás de la máscara. Se llevan máscaras en las fiestas de disfraces para evitar que las personas sepan quiénes somos verdaderamente, o para engañarles y que piensen que somos alguien o algo que no somos. Es momento de quitarnos las máscaras y enfrentarnos al enojo tal como es y tratarlo según la voluntad de Dios.

Echemos un vistazo a algunas de las máscaras que llevamos cuando estamos enojados.

La máscara del desaire es una máscara muy común de enojo. Fingimos que no estamos enojados pero nos volvemos fríos (ninguna calidez ni emoción) en nuestro trato con el individuo con quien supuestamente no estamos enojados. Yo recuerdo muchas ocasiones en mi vida en que oraba lo que denomino "la oración oficial del 'te perdono'", pero me mantenía distante y fría hacia la persona a quien decía a Dios que estaba perdonando. Como cristiana, sé que no debo permanecer enojada, y que de hecho es peligroso hacerlo por razones de las que hablaré más adelante en este libro. Al querer hacer lo correcto, yo oraba diciendo: "Dios, perdono a _____ por haberme ofendido; ayúdame a sobreponerme al dolor que siento". Decía aquello con sinceridad, pero en ese momento no entendía que tenía que añadir una acción obediente a la oración obediente. Dios quería que yo diese el paso siguiente y tratase a la persona con calidez como si nada hubiera sucedido, pero yo no estaba dispuesta a hacer eso.

La Biblia dice en 1 Pedro 4:8 que nuestro amor debería ser ferviente (al rojo vivo). El amor frío nunca es aceptable ante Dios, porque es fingir lo verdadero que Él desea. El amor real debe ser genuino, fuerte y cálido, y no frío y distante. Según la Escritura, el amor de los cristianos se enfriará porque se multiplicarán la maldad y la impiedad en la tierra (Mateo 24:12). A medida que se acercan los últimos tiempos y esperamos la segunda venida de Jesucristo, debemos resistirnos agresivamente a permitir que nuestro amor hacia los demás se vuelva frío y sin vida.

Debido a que soy una persona responsable, siempre hago lo que debo aunque mi responsabilidad sea hacia alguien con quien estoy enojada. Sigo cumpliendo con mi obligación pero con frecuencia lo he hecho de manera fría, sin mostrar un afecto o bondad genuinos. Por ejemplo, hubo momentos en que yo estaba enojada con toda mi familia por haberme defraudado de alguna manera, y aún así seguía cocinando y sirviéndoles la cena. Yo cumplía con mi obligación, pero de manera mecánica y fría. Si alguien me preguntaba si algo andaba mal, yo decía: "No, estoy bien". Estoy segura de que estarás familiarizado con este tipo de conducta. Es una de las maneras en que fingimos que todo va bien, pero nos ocultamos detrás de una máscara que esperamos que engañe los demás para que piensen que nos estamos comportando adecuadamente.

Yo siempre puedo sentir cuando alguien está haciendo algo por mí por obligación en lugar de hacerlo por deseo, y debo decir que no me gusta mucho. Preferiría que no hiciera nada en absoluto porque puedo sentir el fingimiento. Estoy segura de que otros también pueden sentirlo cuando yo me comporto de ese modo, y he hecho un compromiso a ser genuina y no fingir. Creo que sería mejor decirle a la persona que estoy enojada y que necesito algún tiempo para sobreponerme en lugar de fingir que nada va mal mientras estoy hirviendo de enojo en mi interior.

Dejar fuera de nuestras vidas a las personas

La máscara de eludir. Tenemos muchas maneras de dejar fuera de nuestras vidas a las personas. El trato silencioso es una de esas maneras. Cuando estamos enojados, a veces explotamos y otras veces nos cerramos. Nos decimos a nosotros mismos y a los demás que no estamos enojados, y aún así nos negamos a hablar con la persona con la que se supone que no estamos enojados. Si es necesaria la conversación, decimos lo mínimo posible. Murmuramos, nos quejamos, asentimos o hacemos cualquier otra cosa que no sea hablar con normalidad. Ha habido veces en que yo he estado enojada y he sentido que mi boca estaba cerrada como con cemento. Aunque sabía que necesitaba hablar a la persona y dejar de comportarme de modo infantil, fue necesaria toda mi fuerza de voluntad para abrir mis labios y hablar.

Podemos dejar fuera a las personas evitando tocarlas. Yo he estado enojada con Dave y literalmente me fui hasta tal extremo de mi lado en la cama para evitar tocarle que sentí que estaba durmiendo en la costura exterior del colchón. He pasado toda la noche con frío porque me negaba a pedirle una de las mantas. Esa era una conducta necia por mi parte, ¡porque Dave dormía estupendamente mientras yo me sentía desgraciada toda la noche! Recuerdo aquellas ocasiones y lo angustiada que yo estaba en mi alma, y estoy muy contenta porque, con la ayuda de Dios, he dejado atrás ese tipo de conducta.

¿Has estado alguna vez enojado y has evitado estar en la habitación con la persona con la que estás enojado? Si esa persona entra a la habitación donde tú estás, encuentras un motivo para irte. Si él o ella quieren ver la televisión, tú quieres irte a la cama, pero si él o ella quieren irse a la cama, tú quieres quedarte y ver la televisión. Cuando ellos quieren comer, tú no tienes hambre. Si quieren ir a dar un paseo, tú tienes dolor de cabeza. Todas ellas son máscaras que nos ponemos, actuando como si todo estuviera bien cuando en realidad nuestra conducta pone al descubierto la verdad.

Yo me he negado a llevar café a Dave en la mañana, cocinar la comida que sé que a él le gusta o llamarle para decirle cosas, a la vez que me decía a mí misma que le había perdonado por alguna ofensa. Esos tipos de conducta nos mantienen en atadura, pero la obediencia a la Palabra de Dios nos hará libres.

Algunos predicadores o pastores utilizan sus púlpitos y sermones para hablar de asuntos con los que están enojados en su congregación o con miembros concretos de la congregación. Enmascaran su enojo en un sermón que supuestamente obtuvieron de parte de Dios. Un hombre y una mujer a los que conozco y que eran pastores se divorciaron debido a la infidelidad del esposo. La mujer siguió predicando, pero durante casi dos años todos sus sermones hablaban sobre personas que nos controlan y nos manipulan. Ella predicaba sobre no permitir que las personas te utilicen, cómo tener relaciones seguras y otras cosas similares. Todo lo que compartía con la congregación parecía ser algo sacado de su propia situación; estaba predicando por su dolor en lugar de predicar tal como el Espíritu Santo le dirigiera. Ella me dijo repetidamente que había perdonado a su esposo y que seguía adelante, pero rara vez hablé con ella sin que ella no sacase a relucir lo que él le había hecho. Mientras sigamos hablando de nuestras heridas, no nos hemos sobrepuesto a ellas. Podemos fingir que lo hemos hecho, pero en realidad no ha sido así.

La Biblia afirma que el corazón es engañoso sobre todas las cosas y que es difícil que la persona conozca su propio corazón (Jeremías 17:9). El autoengaño es una manera de ocultarse de la verdad. Yo puedo decirme a mí misma que ya no estoy enojada y que he perdonado, pero si trato a la persona con frialdad, me niego a hablarle, la evito y continúo hablando de lo que esa persona ha hecho para herirme, entonces no le he perdonado y me estoy haciendo más daño a mí misma que a nadie más.

Usar mal la Escritura

La máscara de la Escritura. Yo creo que incluso podemos utilizar la Escritura para dar salida a nuestro enojo con las personas. Un buen ejemplo es Efesios 4:15 (NTV), que dice: "Hablaremos la verdad con amor". Este versículo con frecuencia se utiliza como cubierta para expresar nuestro propio enojo y desengaño con individuos cuando les decimos la verdad sobre lo que ellos han hecho. ¿Estamos diciéndoles la verdad por el beneficio de ellos o por el nuestro? ¿Estamos hablando la verdad con amor debido a un interés genuino por ellos, o hemos descubierto un nuevo método supuestamente aprobado por Dios de reprender a las personas?

Yo he sido víctima de algunas personas que me estaban hablando "la verdad con amor". Sin embargo, lo que dijeron me hizo daño y me causó un problema que tratar. Recuerdo una mujer que dijo: "Joyce, necesito decirte la verdad con respecto a algo", y yo supe por su tono de voz que podría no gustarme lo que ella estaba a punto de decir. Ella pasó a decirme que yo le había ofendido en uno de mis sermones y lo terriblemente herida que se sentía, pero entonces me aseguró que me había perdonado. Eso, desde luego, fue ridículo y ella se engañaba a sí misma, porque si verdaderamente me hubiese perdonado, no habría habido ninguna necesidad de mencionarlo. Ella meramente utilizó una escritura para dar rienda suelta a su enojo.

Como dije anteriormente, hay ocasiones en que necesitamos confrontar a otros con respecto a su conducta, pero tenemos que asegurarnos de estar haciéndolo para beneficio de ellos al igual que de nosotros. Especialmente necesitamos asegurarnos de que nuestra confrontación sea ordenada por Dios y no meramente nuestra propia decisión. A algunas personas no les gusta la confrontación, pero rara vez era un problema para mí. De hecho, tuve que aprender a no confrontar a menos que Dios quisiera que lo hiciera. Hay momentos en que Dios quiere que tratemos algo nosotros mismos y nos lo guardemos para nosotros sin decir nada a nadie. Solamente porque alguien hiera mis sentimientos no significa que tenga que decírselo. Puede ser una decisión mayor y más piadosa "cubrir" su ofensa y soltarla.

Nuestro enojo puede volverse como un drama. Lo representamos de muchas maneras y, es triste decirlo, con frecuencia nos engañamos a nosotros mismos pensando que no somos personas enojadas. Pide a Dios que te muestre si estás enmascarando tu enojo de cualquier manera, y si lo estás haciendo, quítate tus máscaras y comienza a dejar que Dios produzca sanidad en tu vida. Una vez más permite que te recuerde: "la verdad te hará libre".

Mi vida es un desastre debido al enojo

Una bolsa de clavos

Había una vez un pequeño muchacho que tenía mal genio. Su padre le dio una bolsa de clavos y le dijo que cada vez que se enojase debería clavar un clavo en la valla. El primer día, el muchacho había clavado treinta y siete clavos en la valla; pero gradualmente, el número de clavos diarios fue disminuyendo. Descubrió que era más fácil controlar su enojo que clavar aquellos clavos en la valla. Finalmente, llegó el primer día en que el muchacho no se enojó ninguna vez. Con orgullo, se lo dijo a su padre, y el padre sugirió que el muchacho ahora sacase un clavo cada día en que pudiese controlar su enojo. Pasaron los días, y el muchacho finalmente fue capaz de decirle a su padre que ya no quedaba ningún clavo. El padre tomó de la mano a su hijo y le llevó hasta la valla. "Lo has hecho bien, hijo mío, pero mira los agujeros que hay en la valla. La valla nunca volverá a ser igual. Cuando tú dices cosas con enojo, dejas una cicatriz como estas. Puedes dar una cuchillada a un hombre y sacar el cuchillo, y a pesar de cuantas veces digas que lo sientes, la herida seguirá estando ahí".

¿Cuáles son los resultados del enojo continuado? Cada área

de nuestra vida queda dañada. Cuerpo, alma y espíritu son negativamente afectados. Nuestra salud y nuestras relaciones quedan dañadas. La posibilidad de un futuro exitoso se ve obstaculizada por el enojo, porque el enojo altera nuestra personalidad, y las personas enojadas con frecuencia tienen dificultades para mantener un empleo. Nunca podremos ser la persona que Dios quiere que seamos si permanecemos enojados. Yo creo que toda la sociedad se ve afectada por nuestro enojo, pero nosotros somos afectados más que ninguna otra persona, y por eso repetidamente digo: "Hazte un favor a ti mismo y perdona". Recuerda: incluso si tu enojo es el resultado de una ofensa justificable, sigues sin ayudarte a ti mismo o resolver la situación al permanecer enojado.

En la lápida de un hombre se leía:

Aquí yace Dan el sucio.
Él era un hombre enojado.
Siempre malhumorado, siempre enojado.
Murió joven, y nosotros nos alegramos.

Todos se alegran cuando una persona enojada ya no está cerca, porque transmite estrés a todos. Mi padre fue un hombre enojado la mayor parte de su vida, y su enojo creó una atmósfera en la que era estresante vivir. Mi madre ha dicho varias veces desde que él murió lo mucho que disfruta solamente de estar sentada en su apartamento y estar tranquila y con paz. Mi madre permaneció al lado de mi papá porque estaba comprometida con el matrimonio, pero el estrés que ella experimentó causó daño a su salud, y el enojo que mi padre tenía dañó la de él.

El estrés, especialmente el estrés continuado, estropea todos los órganos del cuerpo. La presión sanguínea, el corazón y el estómago son afectados. Las personas enojadas envejecen con más rapidez que las personas pacíficas: graves dolores de cabeza, problemas de colon, ansiedad o trastornos inmunitarios; realmente la lista es interminable. Lo cierto es que las personas enojadas con frecuencia mueren antes que quienes son rápidos para perdonar.

Creo que es momento de afrontar la verdad sobre el enojo y tratarlo. Si eres una persona enojada, toma la decisión de llegar a la raíz y trabajar con el Espíritu Santo hacia la libertad. No lo enmascares o lo ignores. Enfréntate a él de cara y llámalo como es. Decir "estoy enojado" no suena atractivo, pero admitirlo es el primer paso hacia vencerlo. Esto es algo que debes hacer por ti mismo. Otros se beneficiarán de los efectos positivos de que tú ya no estés enojado, pero nadie se beneficia tanto como tú.

Yo tenía treinta y dos años cuando me abrí a afrontar la verdad de mi pasado. Mi padre abusaba sexualmente de mí. Me molestaba desde cuando puedo recordar hasta que fui lo bastante mayor para poder practicar sexo conmigo, y durante los últimos cinco años que viví en mi casa, él me violó aproximadamente doscientas veces. Sé que suena espantoso y lo es, pero afrontar esa verdad de frente fue una de las cosas que tuve que hacer a fin de poder dejarla atrás (mi testimonio detallado está disponible en DVD en nuestro ministerio).

Después de irme de casa a los dieciocho años de edad, supuse que había dejado el problema a mis espaldas. Desde luego, yo estaba amargada y odiaba a mi padre con todas mis fuerzas, pero no tenía ni idea de lo mucho que eso me estaba haciendo daño. Cuando comencé mi viaje de afrontar la verdad y perdonar, verdaderamente no tenía idea de lo mucho que me ayudaría a la larga. Inicialmente yo sólo quería obedecer a Dios y perdonar. Las personas enojadas no pueden amar adecuadamente, porque lo que está en nuestro interior siempre sale de nosotros de alguna manera. Todas mis relaciones sufrían debido a mi enojo y resentimiento, pero yo no lo sabía. Mi enojo estaba arraigado profundamente en mi alma. Estaba en mis pensamientos, mis emociones, mis palabras y todos mis actos porque era parte de mí. El enojo había estado conmigo por tanto tiempo que yo no lo reconocía tal como era.

A medida que estudiaba la Palabra de Dios, el Espíritu Santo comenzó a mostrarme los problemas que yo tenía. Anteriormente a eso, lo único en que yo pensaba era lo que otros me habían hecho, y nunca se me ocurrió que mi reacción a los actos de ellos fuese algo a lo que ni siquiera necesitase prestar atención. Me sentía justificada al odiar y tener resentimiento no sólo con mi papá que me había hecho daño, sino también con las personas que pudieron haberme ayudado y no lo hicieron. ¿Cómo podía Dios pedirme a mí o a otros que han recibido abusos perdonar unas ofensas tan indescriptibles? Él lo hace porque Él sabe que es lo mejor para nosotros. Dios tiene un plan para nuestra total restauración, y cualquier cosa que Él nos pide que hagamos es porque nos ama y tiene en mente nuestro mejor interés. Él nos dará la gracia para perdonar aunque nos parezca imposible si estamos dispuestos a obedecerle.

Cuando te hablo de dejar atrás el enojo y hacer del perdón un estilo de vida, lo hago desde mi propia experiencia. No sólo sé lo difícil que es hacer eso, sino que también sé lo valioso que resulta para ti cuando lo haces. Por tanto, te aliento encarecidamente a que no sólo leas este libro para poder conquistar otro libro que añadir a tu "lista de libros leídos"; léelo con un corazón abierto y preparado para aplicar lo que leas a tu propia vida.

Dios tiene una vida maravillosa preordenada y lista para

cada persona, y si nosotros cooperamos con Él haciendo lo que Él nos pide que hagamos, disfrutaremos de esa vida. Si no lo hacemos, entonces nos la perderemos. Dios nos seguirá amando, pero nosotros nos perderemos el gozo de su buen plan. Hazte un favor a ti mismo y niégate a perderte ni una sola cosa buena que Dios tenga preparada para ti.

CAPÍTULO
6

¿Con quién estás enojado?

Como hemos discutido, con frecuencia estamos enojados con aquellos que nos han herido o nos han ofendido. Puede que sintamos enojo hacia quienes nos hirieron hace mucho tiempo y hacia quienes nos hacen daño diariamente. Estamos enojados por la injusticia, ¡y nuestra alma grita que eso no es justo! Pero los demás no son siempre la fuente de nuestro enojo. La Biblia nos dice que estemos en paz con Dios, con nosotros mismos y con nuestros congéneres (1 Pedro 3:10–11).

Estoy furioso conmigo mismo

¿Estás furioso contigo mismo? Muchas personas lo están. De hecho, probablemente sea seguro decir que hay más personas que tienen una desavenencia con ellas mismas que las que están totalmente en paz con ellas mismas. ¿Por qué? Como hemos dicho anteriormente, tenemos expectativas irrealistas, y nos comparamos a nosotros mismos con los demás y sentimos que no estamos a la altura. Puede que tengamos una arraigada vergüenza por algo que hicimos o por algo que nos hicieron. Nos sentimos tan culpables que nos enojamos con nosotros mismos. Con mayor frecuencia, sin embargo, las personas están enojadas con ellas mismas porque hacen cosas que no aprueban y no saben cómo recibir el perdón de Dios y su poder para vencer su conducta inaceptable.

Lo creamos o no, el primer paso hacia la paz contigo mismo es mirar de frente a tu pecado y llamarlo tal como es. Ignorarlo o poner excusas para la mala conducta nunca es el camino hacia la libertad. Mientras estemos haciendo cosas que son pecado, nunca podremos tener paz genuina con nosotros mismos. Incluso si no hemos reconocido nuestro pecado ni nos hemos hecho responsables de él, nos sigue molestando.

Recibir el perdón de Dios

Cuando admitimos que somos pecadores, debemos arrepentirnos de nuestros pecados. Eso significa que no sólo lamentamos sinceramente nuestros pecados, sino que también estamos dispuestos a alejarnos de ellos. Vivir en pecado es un bajo nivel de vida, pero cuando nos arrepentimos regresamos al lugar más elevado que Dios desea para nosotros. El ático es el apartamento más elevado en un edificio; es el que está en el último piso. Cuando nos arrepentimos, regresamos al lugar más elevado que Dios tiene para nosotros: el lugar de paz y gozo en su justicia.

Admitir plenamente nuestro pecado y aceptar responsabilidad puede ser difícil al principio. Normalmente durante toda la vida hemos culpado a otros y hemos puesto excusas, y por eso nos resulta difícil tan sólo decir: "Soy culpable. He cometido pecado". Pero todos hemos pecado y estamos destituidos de la gloria de Dios, así que decir que hemos pecado no nos sitúa en peor posición que a cualquier otro ser humano en el planeta.

Si afirmamos que no tenemos pecado, nos engañamos a nosotros mismos y no tenemos la verdad. Si confesamos nuestros pecados, Dios, que es fiel y justo, nos los perdonará y nos limpiará de toda maldad.

1 Juan 1:8–9

Hay muchas cosas en esta escritura que me encantan y que me consuelan, pero especialmente me gusta que Él nos limpiará de toda maldad. Yo creo que eso nos demuestra que mientras caminemos con Dios, admitamos rápidamente nuestros pecados y nos arrepintamos de ellos regularmente, Él siempre nos limpiará. La Biblia dice que Jesús está sentado a la diestra de Dios haciendo continuamente intercesión por nosotros, y supongo que eso se debe a que lo necesitamos continuamente. Eso también me da consuelo.

Él nos limpia de *toda* maldad, y si creemos eso y recibimos su perdón por la fe, podemos vencer el estar enojados con nosotros mismos. No hay pecado que tú o yo podamos cometer que esté por encima del TODO de Dios. Cuando Él dice todo, ¡lo dice de verdad!

Al igual que todos hemos pecado y estamos destituidos de la gloria de Dios, todos somos justificados y nuestra relación con Él queda restaurada mediante la redención que se proporciona en Jesucristo (Romanos 3:23–24). ¡Eso nos incluye a ti y a mí!

El perdón de Dios es un regalo gratuito, y no hay nada que nosotros podamos hacer con un regalo a excepción de recibirlo y estar agradecidos. Creo que con frecuencia pedimos perdón pero no lo recibimos. Después de que hayas pedido a Dios que te perdone por algo que hayas hecho mal, dile que recibes su regalo, y espera en su presencia un momento mientras realmente entiendes en tu conciencia lo maravilloso que es ese regalo.

No tengas temor al pecado

Siempre que tenemos temor a una cosa le otorgamos poder sobre nosotros, y por esa razón te aliento a que no tengas temor al pecado. El apóstol Pablo escribió que el pecado ya no tiene ningún poder sobre nosotros si creemos que cuando Cristo murió, nosotros morimos y cuando Él resucitó, nosotros fuimos resucitados a una nueva vida vivida para Él (Romanos 6:5–8). Jesús se ha ocupado por completo del problema del pecado. Él no sólo nos perdona completamente y continuamente, sino que también ha enviado a su Espíritu Santo para que nos convenza de pecado en nuestra vida cotidiana y nos fortalezca contra él.

Cuando entendemos por primera vez que somos pecadores y necesitamos un Salvador y recibimos a Jesucristo como el único que puede satisfacer esa necesidad, estamos en el camino hacia una nueva vida y un nuevo estilo de vida. Mientras que anteriormente pecábamos y en realidad no nos importaba, ahora después de haber recibido al Espíritu de Dios en nuestro corazón, somos muy conscientes del pecado y pasaremos nuestra vida resistiéndolo y evitándolo. Lo hacemos alegremente como servicio a Dios, y confiamos por completo en que el Espíritu Santo nos ayuda. La tentación llegará a todos nosotros, y podemos estar seguros de que Dios nunca permitirá que ninguna tentación que no sea común al género humano nos venza (1 Corintios 10:13). En otras palabras, nuestras tentaciones no son peores que las de alguna otra persona, y debemos creer que no están por encima de nuestra capacidad de resistir. Dios nunca permite que llegue más de lo que podamos soportar, y con cada tentación Él también nos da una salida. ¡Esas son noticias realmente buenas! No tenemos que tener temor a la tentación, porque mayor es quien vive en nosotros, dándonos fuerza divina para resistir si confiamos en Él y pedimos su ayuda.

Las personas ceden a la tentación cuando intentan resistir por sus propias fuerzas, o cuando creen erróneamente que no pueden resistir. Yo escucho a personas hacer afirmaciones ridículas como: "Si me como una galleta de chocolate, sencillamente no puedo resistirme a comerme el paquete entero"; o "Sé que el azúcar me está haciendo daño, pero no puedo resistirme a comer chocolate todos los días". Digo que esas afirmaciones son ridículas porque están fundadas en mentiras que nosotros creemos. Satanás nos dice que somos débiles y no podemos resistir ni siquiera las tentaciones más simples, pero Dios nos dice que somos fuertes en Él y que no hay nada que esté por encima de nuestra capacidad de resistir. Lo que nosotros escojamos creer es el factor decisivo en cuanto a si caeremos en el pecado o lo derrotaremos. Toma un momento y pregúntate a ti mismo si estás creyendo cosas que no están de acuerdo con la Palabra de Dios. ¿Crees que puedes resistir la tentación mediante el poder del Espíritu Santo y ejercitando el fruto del dominio propio, o crees que hay algunas tentaciones que sencillamente no puedes resistir? Lo que creemos es lo que se convierte en nuestra realidad; por tanto, es vital para cada uno de nosotros saber que lo que creemos es la verdad y no una mentira del diablo.

El apóstol Pablo oró para que la Iglesia conociera y creyera en el poder que estaba a su disposición mediante Jesucristo. Si eres creyente en Jesucristo, ¡tienes poder y puedes resistir la tentación!

Todos pecamos, y mientras estemos en cuerpos de carne y hueso con almas que no están completamente renovadas, necesitaremos perdón, pero no tenemos que tener temor al pecado. Lee con atención esta escritura:

> Mis queridos hijos, les escribo estas cosas para que no pequen. Pero si alguno peca, tenemos ante el Padre a un intercesor, a Jesucristo, el Justo. Él es el sacrificio por el perdón de nuestros pecados, y no sólo por los nuestros sino por los de todo el mundo.
>
> *1 Juan 2:1–2*

Esta escritura es asombrosamente maravillosa. Cuando yo fui por primera vez consciente de ella, era una época en mi vida en la que batallaba diariamente intentando hacer todo correctamente a fin de poder sentir bien conmigo misma y creer que Dios no estaba enojado conmigo. Obviamente, mi modo de pensar era equivocado, pero era mi realidad en aquel momento. Cuando vi que sencillamente debería levantarme cada día y hacer todo lo que pudiera y creer que Dios se ocuparía de cualquier error que yo cometiera, sentí como si me hubieran quitado de los hombros un gran peso.

Estos versículos dicen que Jesús es el sacrificio por nuestro pecado. ¿Qué significa eso? Él es quien apacigua la ira de Dios hacia el pecado.

Dios odia el pecado, pero no odia a los pecadores. Cuando una mujer está muy enojada con su esposo porque él le está faltando al respecto, y él le envía tres docenas de rosas rojas con una nota de disculpa, las rosas se convierten en un objeto para apaciguar su enojo. Ella le perdona y todo vuelve a estar en orden. Jesús es como nuestras rosas que son presentadas a Dios cuando Él está enojado con nuestro pecado. Él es nuestro sacrificio, y Dios nos perdona a causa de Cristo. No hay nada que nosotros tengamos que fuese suficiente como sacrificio, ni nada que podamos hacer para compensar nuestros pecados, pero Jesús es el sacrificio perfecto y Él es nuestro sustituto. Él es nuestro Abogado, que ocupa nuestro lugar delante de Dios, y nosotros somos perdonados a causa de nuestra fe en Él.

Creer estas verdades es el primer paso hacia la libertad del pecado y el enojo hacia ti mismo debido al pecado. Cuando yo peco, con frecuencia me siento defraudada conmigo misma y oro para no volver a hacerlo en el futuro, pero ya no me enojo conmigo misma porque sé que eso no es la voluntad de Dios y que no tendría ningún propósito en absoluto.

Tratar duramente el pecado

Además de saber cómo recibir rápidamente y completamente el perdón de Dios cuando pecamos, también necesitamos resistir agresivamente el pecado y tratarlo duramente. El hecho de que Dios esté dispuesto a perdonarnos no significa que podamos pecar libremente y pensar que no es problema alguno. Dios conoce nuestro corazón, y el corazón de ninguna persona es recto si no aborrece el pecado y hace todo lo que pueda para evitarlo.

Los romanos preguntaron a Pablo si deberían continuar en pecado a fin de que la gracia de Dios (su bondad y su perdón) pudiese sobreabundar. Pablo respondió diciendo: "Nosotros, que hemos muerto al pecado, ¿cómo podemos seguir viviendo en él?" (Romanos 6:1–2). Pablo les recordó que cuando recibieron a Cristo, tomaron la decisión de ya no tener una relación activa con el pecado. El pecado nunca muere; siempre estará vivo y bien en el planeta tierra, pero *nosotros* morimos al pecado. Dios nos da un nuevo corazón y su Espíritu, y eso significa que tenemos un nuevo "querer". Pasamos nuestra vida resistiendo al pecado, simplemente porque ya no queremos pecar. Al ser esa nuestra actitud, cuando cometemos errores Dios está siempre listo para perdonarnos.

Si tú eres un cristiano genuino, puedo asegurarte que no te levantas de la cama en la mañana buscando maneras de pecar y hacer lo que quieras. Haces todo lo que puedas para vivir una vida que sea agradable a Dios.

Si no mantenemos una actitud valiente y agresiva hacia el pecado, entonces nuestro propio corazón nos condenará y terminaremos enojados con nosotros mismos. La Biblia nos enseña que tratemos muy duramente, incluso violentamente, el pecado. En Mateo 18:8–9 se nos dice que si nuestro ojo nos ofende, deberíamos arrancarlo, y si nuestra mano nos ofende, deberíamos cortarla.

Yo no creo que esto sea algo que deberíamos tomar literalmente, sino que deberíamos ver que Dios nos dice que tengamos una actitud agresiva hacia el pecado, cortándolo siempre que lo encontremos en nuestra vida. Si llega a tu casa una revista con fotografías de mujeres escasamente vestidas (lo cual sucede con frecuencia) y tus ojos comienzan a verla y disfrutarla, entonces agarra enseguida la revista y tírala a la basura. Ocúpate de eso rápidamente. Ni siquiera flirtees con el pecado. Hay literalmente docenas de ejemplos que podría citar, pero solamente te daré otros dos. Tú eres una mujer casada, y un hombre en el trabajo comienza a mostrarse muy amigable contigo. Te invita a reunirte con él para tomar café y hablar de negocios, desde luego. Tú sientes en tu corazón algo de convicción de que eso no es sabio, y cuando lo hagas, deberías inmediatamente cortarlo antes de que se convierta en un verdadero problema. Has tenido una discusión con alguien en tu familia, y Dios te está impulsando a que seas la persona que establezca la paz. Hazlo rápidamente, antes de que te convenzas a ti mismo de lo contrario, y eso evitará que peques permaneciendo enojado. La Biblia nos enseña en Romanos 13:14 que no proveamos para los deseos de la carne, y parte de lo que eso significa es no poner excusas ni darle oportunidad. La mujer casada que decide ir a tomar café con un compañero de trabajo después de haber recibido convicción de parte de Dios de que eso no estaría bien está dando oportunidad al pecado.

Una vez leí una historia sobre una muchacha que iba caminando por un sendero en el monte y hacía mucho frío. Una serpiente se deslizó hasta acercarse a ella y le suplicó que la agarrase y le dejase descansar dentro de su abrigo. Durante un rato ella se resistió, pero finalmente cedió a sus ruegos. Después de poco tiempo, la serpiente de repente le mordió y ella gritó: "¿Por qué me has mordido después de que fui tan amable contigo?". La serpiente respondió: "Tú sabías lo que yo era cuando me agarraste". Creo que todos podemos identificarnos con esta breve historia. Seguramente ha habido momentos en nuestra vida en que hemos sabido en lo profundo de nuestro ser que no deberíamos hacer ciertas cosas, pero a medida que la tentación continuó nosotros cedimos y lo hicimos, solamente para obtener como resultado malas circunstancias. Todos cometemos errores, pero no tenemos que continuar cometiéndolos. Aprender de nuestros errores es una de las cosas más sabias que podemos hacer.

Dios nos enseña que nos despojemos de todo peso y del pecado que nos asedia fácilmente (Hebreos 12:1). Esto hace sentir que debemos tratar el pecado duramente y rápidamente, y si lo hacemos cosecharemos la recompensa de una vida recta. También tendremos paz en nuestro corazón al saber que hemos hecho lo correcto.

Yo estoy muy agradecida por el perdón de los pecados, pero no quiero necesitarlo cada vez que me doy la vuelta. Es mi deseo disciplinarme a mí misma para elegir correctamente de modo que pueda tener el gozo de creer que he agradado a Dios.

Pecado oculto

No podemos tratar duramente y eficazmente el pecado si ponemos excusas o lo mantenemos escondido. Todos deberíamos examinar nuestros corazones y ser lo bastante valientes para ser sinceros con nosotros mismos acerca de cualquier conducta de pecado en nuestras vidas. El apóstol Pablo dijo que él trabajaba diligentemente para mantener una conciencia que estuviese vacía de ofensa hacia Dios y hacia el hombre (Hechos 24:16). ¡CARAMBA! Él trabajaba para detectar y mantener el pecado fuera de su vida. Pablo conocía el poder de tener una conciencia limpia delante de Dios. Nosotros deberíamos hacer todo el esfuerzo para no pecar, pero cuando pequemos, nunca deberíamos poner excusas o mantenerlo oculto. Nuestros secretos pueden hacernos desgraciados, pero la verdad nos hace libres.

Todo lo que no proviene de fe es pecado (Romanos 14:23). Si no podemos hacer lo que hacemos en fe, entonces no deberíamos hacerlo. Si una cosa es pecado entonces llámalo pecado, no lo llames tu problema o tu adicción. El pecado es feo, y si lo enmascaramos con palabras que suenan mejor, lo más probable es que lo mantengamos.

Deberíamos examinar la vida a la luz de la Palabra de Dios, y cualquier cosa que no esté de acuerdo con ella debería considerarse tal como es y resistirse con toda la capacidad que Dios nos ha dado. Si se lo pedimos, Dios siempre nos ayudará. Somos colaboradores de Dios, y Él nunca espera que hagamos nada sin su ayuda. Déjame decirlo una vez más: no ocultes el pecado, sácalo a la luz, llámalo como es y no pongas excusas ni culpes de tus malas decisiones a alguna otra persona. Recibe el perdón completo de Dios de los pecados del pasado y trabaja con el Espíritu Santo para resistir agresivamente toda tentación en el futuro.

Ahora, hazte un favor a ti mismo y perdónate a ti mismo totalmente y completamente. Renuncia a todo enojo que pudieras tener hacia ti mismo por cualquier fracaso percibido por tu parte, y comienza a vivir la buena vida que Dios ha ordenado y ha preparado para que la vivas (Efesios 2:10).

¿Estás enojado con Dios?

Si has oído algo acerca de Dios, habrás oído que Él es bueno y que nos ama. Por tanto, naturalmente nos preguntamos por qué hay tanto dolor y tragedia en el mundo. Si Dios tiene todo el poder y puede hacer cualquier cosa que quiera, entonces ¿por qué no evita el sufrimiento? Estas preguntas y otras parecidas han dejado perpleja a la humanidad desde que existe el tiempo.

Niños sufren abusos, constantemente oímos de guerras y devastación, y el hambre en el mundo se lleva millones de vidas. Las personas buenas a veces mueren jóvenes, mientras que las personas malvadas y aparentemente inútiles viven hasta ser ancianos. Las enfermedades proliferan en la tierra, y atacan a personas buenas y también a otras malvadas. Nuestras almas gritan: "¡No es justo!". ¿Dónde está la justicia? ¿Dónde está Dios?

Para la persona que busca una excusa para no creer en Dios, no necesita ir más allá de estas preguntas sin respuesta. Simplemente dice: "Si de verdad hubiera un Dios, Él evitaría el sufrimiento; por tanto, no puedo creer que Él exista". Pero también están esos millones de hermosas personas que sí creen en Dios aunque no tengan respuestas a estas perplejas preguntas.

Si estás esperando que te dé una buena respuesta con respecto a esas cosas, quiero decirte ahora mismo que no tengo una. Yo no puedo explicarlas lo suficiente, y tampoco creo que nadie pueda hacerlo. Sencillamente he escogido creer en Dios porque, para ser sincera, sin Él no creo que quisiera estar viva. Él es mi vida, y prefiero tener una relación con Dios y no entender todo acerca de Él que intentar arreglármelas sin Él.

Dios nunca ha prometido una vida sin sufrimiento, sino que ha prometido consolarnos y darnos la fuerza para seguir adelante. Él también ha prometido hacer que todo lo que nos sucede obre para bien si le amamos y seguimos queriendo su voluntad en nuestras vidas (Romanos 8:28). No estoy contenta cuando tengo problemas que causan sufrimiento en mi vida, pero me alegra tener Dios para ayudarme en medio de ellos. Siento lástima por quienes sufren sin esperanza y cuyas mentes y corazones están llenos de amargura porque no pueden ver más allá de su dolor.

Sabemos que Dios es bueno pero también que existe la

maldad en el mundo. Dios ha puesto delante de nosotros el bien y el mal, la bendición y la maldición, y nos ha dado la responsabilidad de escoger el uno o el otro (Deuteronomio 30:19). Debido a que muchos escogen el pecado y la maldad, tenemos los efectos del pecado en el mundo. Incluso una persona buena sigue viviendo bajo el peso de la existencia en un mundo pecaminoso. Sentimos la presión de la maldad y anhelamos el momento en que se vaya. La Biblia nos dice que incluso la creación gime bajo la atadura del deterioro, y espera la libertad igual que la humanidad (Romanos 8:18–23).

¡Servimos a un Dios invisible que es un misterio! Podemos conocerle en ciertos aspectos, pero parte de Él siempre estará por encima de nuestra comprensión.

¡Qué profundas son las riquezas de la sabiduría y del conocimiento de Dios! ¡Qué indescifrables sus juicios e impenetrables sus caminos!

Romanos 11:33

Podemos conocer su carácter y poner nuestra confianza en su fidelidad de estar siempre con nosotros, pero no podemos entender todo lo que Dios hace, o no hace. Fe significa que creemos en lo que no podemos ver y con frecuencia no podemos entender. Tenemos fe mientras esperamos que se desvelen estos misterios, y si somos sinceros, entendemos que algunas de esas respuestas puede que no las obtengamos mientras estemos aquí en la tierra. Dios nos pide que confiemos en Él, y no hay necesidad alguna de confianza si no tenemos ninguna pregunta sin respuesta. Antes de que podamos sentirnos satisfechos en la vida debemos sentirnos cómodos "sin saber".

El sufrimiento profundiza la intimidad

Una de las afirmaciones más misteriosas y desafiantes en la Biblia está en Hebreos 5:8–9: "Aunque era Hijo, mediante el sufrimiento aprendió a obedecer; y consumada su perfección, llegó a ser autor de salvación eterna para todos los que le obedecen". Los sufrimientos de Jesús fueron aparentemente el medio de su perfeccionamiento (madurez), y no será de otro modo con sus discípulos.

La fe no puede madurar sin ser probada. Dios nos da la fe como un regalo, pero esa fe sólo crece y aumenta cuando la utilizamos.

Los doce discípulos originales tenían muchas cosas en su caminar con Jesús que no entendían, y Jesús les dijo: "Ahora no entiendes lo que estoy haciendo... pero lo entenderás más tarde" (Juan 13:7). Vivimos en un mundo de misterio y de acontecimientos no explicados, y Dios espera que confiemos en Él.

J. Oswald Sanders dijo en *Enjoying Intimacy with God* [Disfrutando de intimidad con Dios]: "Si queremos experimentar serenidad en este mundo turbulento, necesitaremos agarrarnos más firmemente de la soberanía de Dios y confiar en su amor incluso cuando no podamos discernir su propósito".

Hay cosas que aprendemos en las dificultades y que no podemos aprender en ningún otro momento. En Isaías 45:3 el Señor dijo: "Te daré los tesoros de las tinieblas, y las riquezas guardadas en lugares secretos". Hay tesoros que solamente pueden encontrarse en la oscuridad. Uno de esos tesoros es la intimidad con Dios.

Razonamiento

El hombre en su estado natural quiere entenderlo todo. Queremos controlar y no nos gustan las sorpresas. Nos encantaría si nuestros planes se cumpliesen en el momento en que nosotros deseamos, pero no es así. Si creemos en Dios, entonces le pedimos que nos dé lo que queremos, pero Él no siempre hace eso. Por tanto, terminamos con preguntas sin respuesta, y nuestra naturaleza lucha contra eso.

Intentar entender algo para lo cual nunca vamos a obtener respuestas es muy frustrante y perplejo. Después de años de sufrir mentalmente y emocionalmente intentando entender por qué les suceden cosas malas a personas buenas, incluyendo por qué yo soporté más de diez años de abuso sexual por parte de mi padre, llegué a una encrucijada en mi caminar con Dios. Sabía que tenía que tomar la decisión de confiar en Dios implícitamente sin tener todas las respuestas, o de lo contrario nunca tendría paz. Yo creo personalmente que es una decisión personal que cada persona debe tomar. Si estás esperando a que alguien te explique a Dios, entonces te quedarás esperando para siempre. Dios está por encima de nuestro entendimiento, pero Él es hermoso y sorprendente, y al final Él siempre produce justicia en nuestras vidas. ¡Dios nos confía lo inexplicado!

Suceden cosas malas a personas buenas, y es el privilegio de ellas confiar en Dios.

> ¿Quién entre ustedes teme al Señor y obedece la voz de su siervo? Aunque camine en la oscuridad, y sin un rayo de luz, que confíe en el nombre del Señor y dependa de su Dios.
>
> *Isaías 50:10*

Las pruebas que afrontamos en la vida pueden ser acortadas cuando reaccionamos a ellas de manera madura, y saldremos conociendo a Dios de una manera más profunda que nunca antes. Creo que la mayoría de nosotros diríamos que la mayor parte de nuestro crecimiento espiritual ha sido obtenido en períodos de dificultad en lugar de otros períodos de facilidad.

Yo acudo al Salmo 37 con bastante frecuencia para obtener consuelo cuando me encuentro en una situación perpleja. En los once primeros versículos se nos dice que no debemos temer a causa de quienes hacen maldad, porque pronto serán cortados. Debemos confiar en el Señor y hacer el bien, y seremos alimentados por Él. Yo creo que eso significa que Él nos suplirá lo que necesitemos en la vida. No necesariamente todo lo que queramos, pero sin duda Él provee lo que necesitamos.

Salmo 37:8 nos dice que refrenemos el enojo y abandonemos la ira porque eso tiende solamente al mal. Si permitimos que la maldad de otras personas nos mantengan enojados, podemos terminar haciendo maldad nosotros mismos. También tenemos una maravillosa promesa... "Pero los mansos heredarán la tierra, y se recrearán con abundancia de paz" (RV-1960). Los mansos son quienes se humillan a sí mismos y confían en Dios independientemente de cuáles puedan ser sus circunstancias en la vida.

El apóstol Pablo dijo que él había decidido no conocer nada excepto a Cristo, y a Él crucificado (1 Corintios 2:2). Parece que Pablo quizá también estaba cansado de encontrar una buena explicación para todas las cosas y decidió sencillamente conocer a Cristo.

Debemos confiar en el Señor con toda nuestra mente y nuestro corazón y no apoyarnos en nuestra propia prudencia (Proverbios 3:5). Este proverbio además nos dice que no seamos sabios ante nuestros propios ojos (Proverbios 3:7). Para mí, esto significa que no debo pensar ni por un momento que yo soy lo bastante inteligente para dirigir mi propia vida o para encontrar los motivos por los cuales Dios hace lo que hace. Si yo pudiera entender alguna vez a Dios, entonces Él no podría ser mi Dios. Dios debe ser mayor que nosotros en todos los aspectos, o Él no es Dios en absoluto. Se dice que Dios no tiene comienzo ni fin. Nosotros no podemos entender esa afirmación inicial acerca de Dios; por tanto, ¿por qué íbamos a entender todo lo demás?

Dios sí nos revela ciertas cosas, y nos da respuestas a muchas cosas, pero no nos da respuestas a todas las cosas. Según su Palabra, conocemos en parte, pero llegará el momento en que conoceremos tal como somos conocidos.

> Ahora vemos de manera indirecta y velada, como en un espejo; pero entonces veremos cara a cara. Ahora conozco de manera imperfecta, pero entonces conoceré tal y como soy conocido.
>
> *1 Corintios 13:12*

¿Por qué no intervino Dios?

Es difícil entender por qué Dios no interviene en nuestro sufrimiento cuando sabemos muy bien que Él podría hacerlo fácilmente. Cuando Santiago estaba en la cárcel, fue decapitado, pero cuando Pedro estaba también en la cárcel, fue liberado por un ángel y dirigido a una reunión de oración. ¿Por qué? La única respuesta es: "Ahora no sabes lo que estoy haciendo, pero más adelante lo entenderás".

Quizá no seamos capaces de manejar el conocimiento que

pensamos que queremos. Quizá Dios retenga información de nosotros en su misericordia. Yo he decidido que creeré que Dios nunca hace nada en mi vida, ni tampoco me pide que haga nada, a menos que finalmente eso obre para mi bien. Esta decisión me ha producido mucha paz.

Puede que recuerdes que anteriormente en este libro dije que si queremos paz, debemos seguirla e ir tras ella con todo nuestro corazón. En mi búsqueda personal de paz, descubrí que la paz y el gozo llegan mediante el creer (Romanos 15:13), y eso es lo que yo decidí hacer. No lo hago perfectamente, pero Dios me está ayudando a aprender a responder a las cosas que no entiendo con: "Confío en ti, Señor" en lugar de con: "Estoy confundida, Señor, y necesito entender lo que está sucediendo". Todos podemos tomar esta misma decisión de responder con fe en lugar de hacerlo con duda, y de hecho el Espíritu Santo te insta a que lo hagas en este momento a menos que ya lo hayas hecho.

No estoy hablando de crear de manera general, sino de creer y confiar en Dios en cada situación que se produzca en tu vida. Es bastante fácil creer a Dios *"por"* cosas, pero Él quiere que le creamos *"en"* cosas y *"en medio de"* cosas.

Job

Supongo que si voy a incluir un capítulo sobre el sufrimiento inexplicable, necesito hablar sobre Job. Él era un hombre justo que soportó sufrimiento como ningún otro que yo haya escuchado nunca. Job se aferró con fuerza a su fe durante mucho tiempo, pero finalmente comenzó a demandar respuestas a Dios. Dios pasó cuatro capítulos enteros respondiendo a Job, y en esencia le dijo: "Job, si eres tan inteligente, entonces por qué no intentas ser Dios durante un tiempo. Dirige el mundo y comprueba cómo lo haces". Desde luego, al final Job se humilló y entendió que estaba hablando neciamente. Entonces Job dijo algo increíble, algo que muchos de nosotros somos capaces de decir después de haber soportado un terrible sufrimiento:

De oídas había oído hablar de ti, pero ahora te veo con mis propios ojos.

Job 42:5

En la prueba de Job, él llegó a conocer a Dios de una manera en la que nunca le había conocido anteriormente. Antes de su sufrimiento, él había conocido sobre Dios, había oído de Él, ¡pero ahora le conocía! Yo conozco a un joven que murió de cáncer, y aunque su sufrimiento fue terrible, él decía: "No cambiaría esta experiencia por nada, porque en ella he llegado a conocer a Dios de manera íntima". ¿Significa eso que Dios planea este tipo de sufrimiento solamente para que podamos llegar a conocerle? No, no lo creo, pero Él lo usa para nuestro beneficio espiritual.

Jesús

Si queremos hablar del sufrimiento injusto, entonces debemos hablar de Jesús. ¿Por qué no creó Dios algún otro plan para la redención del hombre que no fuese permitir que su propio Hijo sufriera los horrores de la crucifixión y sufriera la agonía de tomar todos los pecados del hombre sobre su ser sin pecado? Quizá como cualquier buen padre, Él esté diciendo: "No te pediré que pases por algo que yo mismo no haya pasado". Como dije anteriormente, yo no tengo las respuestas a todas estas preguntas, ¿pero tenemos que tenerlas a fin de creer en Dios? ¡No lo creo! La fe va más allá del entendimiento, y de hecho con frecuencia lo sustituye.

Cuando comencé este capítulo, estaba examinando mi corazón para ver lo que Dios quería que diese como respuesta a todas esas personas que están enojadas con Dios debido al sufrimiento y el desengaño que hay en sus vidas. Momentos después entendí que Él no quería que yo intentase dar una respuesta, porque no hay ninguna que podamos entender. Hay multitudes de libros disponibles que intentan explicar a Dios, y algunos hacen un buen trabajo, pero yo no voy a hacer eso. Sencillamente estoy diciendo que puedes escoger no estar enojado, y si tomas esa decisión, te estarás haciendo un favor a ti mismo porque estar enojado con Dios es la necedad suprema. Él es el único que puede ayudarnos; por tanto, ¿por qué descartar nuestra única fuente de ayuda?

Sé que si te han hecho mucho daño, parte de ti puede que esté gritando en este momento: "Joyce, eso no es lo bastante bueno". Si lo estás haciendo, lo entiendo, y solamente puedo orar para que pronto estés lo bastante cansado de sentirte desgraciado que digas junto con Job: "He aquí, aunque él me matare, en él esperaré" (RV-1960).

¿Enojado con Dios?

Una mujer a la que conozco y a la que llamaremos Janine me habló de un largo período de tiempo en que ella estuvo enojada con Dios. Al ser cristiana desde su niñez, Janine siempre esperaba el momento en que conociese a un buen hombre cristiano, se enamorase, se casase y formase una familia. Después de la universidad, se mudó a la ciudad de Nueva York para realizar una carrera en la enseñanza. Janine encontró una buena iglesia y poco después era un miembro activo allí, participando en la vida de la congregación. También hizo buenos amigos allí, y era parte de un grupo grande de solteros. Después de un par de años, muchas de sus amigas de la iglesia se casaron y comenzaron sus propias familias.

Los veinte años de Janine se convirtieron en treinta, y mientras tanto ella seguía orando para que Dios le diese un esposo y una familia propia. Dios bendijo su carrera, y pronto Janine era directora asistente en la escuela de secundaria donde había enseñado. Le parecía que Dios estaba bendiciendo cada parte de su vida a excepción de la que a ella más le importaba. Sus amigas comenzaron a tener hijos, y muchas de ellas se trasladaron a otras ciudades a fin de educar a sus hijos en lugares más amigables con la familia.

Janine continuaba trabajando duro y permaneciendo activa en la iglesia; pero sencillamente no podía entender por qué Dios no le había permitido tener el único deseo de su corazón: un esposo y una familia propia. Comenzó a enojarse con Dios. ¿Por qué se mantenía Él tan silencioso? Después de todo, Janine quería algo que es bueno y natural; Dios dice en Génesis que no es bueno que el hombre esté solo. Ella comenzó a orar por paz, razonando que si Dios iba a decir no a su oración por un esposo, entonces al menos ella quería tener un sentimiento de contentamiento con las cosas buenas con las que Dios le había bendecido.

Pero los años siguieron pasando, y Janine seguía estando sola. Aunque disfrutaba de muchas cosas en su vida, la soledad que experimentaba se fue convirtiendo cada vez más en un aguijón en su costado. ¿Por qué no quería Dios honrar su oración y darle algo tan natural y maravilloso como alguien a quien amar? Ella sencillamente no podía entender por qué Dios decía "no" a esa sencilla oración. La paz por la que había orado no llegaba tampoco. ¿Por qué se mantenía Dios tan silencioso?

Un día, Janine tuvo una revelación. Mientras estaba orando, suplicando a Dios alguna resolución para sus sentimientos, imaginó a Jesús en el huerto de Getsemaní, pidiendo a Dios que apartase de Él la copa de la muerte mientras anticipaba su crucifixión. Al final de su oración, Él dijo: "No mi voluntad, sino la tuya". Dios le dijo "no" a Jesús aquel día. Era necesario para Jesús pasar por la tortura de la Cruz a fin de salvar a la humanidad.

Janine entendió en ese momento que si Dios pudo decir no a su Hijo y Jesús pudo aceptar un no por respuesta, entonces Janine también podría aceptar un no por respuesta. Nada había cambiado, pero todo cambió para Janine. Por primera vez en más de una década, ella entendió que no necesitaba conocer todas las respuestas, que Dios es Dios, y si tenía que quedarse soltera durante el resto de su vida y nunca entender el motivo, podía hacerlo.

Un par de años después, cuando Janine tenía cuarenta y tres años, conoció a un maravilloso hombre cristiano y se casó con él dos años después. Janine me dijo que si tuviera que volver atrás, no desperdiciaría el tiempo y las emociones que tuvo al estar enojada con Dios porque Él parecía estar en silencio. Pasaría ese tiempo disfrutando de las bendiciones que tenía y haciendo todo lo posible por aceptar la decisión de Dios a ese respecto.

A veces Dios dice "no" a cosas que nosotros queremos y

que son buenas y aceptables. A veces Él dice "no ahora". Aunque nunca sabremos por qué en esta vida, podemos utilizar el tiempo que tenemos aprovechando al máximo la vida que Dios nos ha dado, o podemos pasarlo sufriendo en confusión y sintiéndonos desgraciados. ¿Cuál crees que es el mejor uso del tiempo? Para mí, prefiero usar mi tiempo de manera que sea productiva, incluso si no conozco todas las respuestas.

Una niña ora y sigue sufriendo

Cuando era una niña que sufría abuso sexual, mental, emocional y verbal por parte de mi padre, con frecuencia oraba a Dios para que Él me sacase de la situación en la que me encontraba, pero Él no lo hizo. Oraba para que mi madre abandonase a mi padre y que ella me protegiese, pero ella no lo hizo. En mi infantil falta de sabiduría, incluso oré para que mi padre muriese, pero él seguía viviendo y continuaba con su conducta abusiva.

¿Por qué? Esa pregunta proyectó una enorme sombra en mi interior durante muchos años. ¿Por qué Dios no rescataba a una niña que clamaba a Él? Incluso después de ser una mujer adulta en el ministerio, seguía teniendo la pregunta del "porqué", ¿y quién no la tendría? Dios sí me mostró que hay momentos en que personas inocentes sufren en el camino de los malvados. Mi padre tenía autoridad sobre mí como padre, y él tomó decisiones que eran malvadas y esas decisiones me afectaron. Incluso así, yo seguía sabiendo que Dios podría haberle puesto fin a esa situación, pero escogió hacer otra cosa en cambio. Él me dio la valentía y la fuerza para pasar por todo aquello y sobreponerme. Él me ha permitido utilizar mi dolor para ayudar a otras personas y, al hacerlo, en realidad ha obrado para mi bien y para el bien de muchos otros con quienes he podido identificarme y ayudar. Por muchos años yo decía: "Si no hubiera sufrido abusos, mi vida podría haber sido mejor". Ahora tengo más conocimiento; creo que mi vida ha sido más poderosa y fructífera debido a ello. Una de las maneras en que Dios muestra su increíble poder es ayudando a personas normales y corrientes a sobreponerse a horribles tragedias y después salir con una buena actitud y con la experiencia para ayudar a otra persona. Yo estoy agradecida por poder decir que he tenido el privilegio de ser una de esas personas. Tengo que decir: "Gracias, Señor, por darme la mejor respuesta a mi oración, no sólo la que yo quería".

Solamente puedo orar para que las cosas que he dicho sobre el enojo hacia Dios sean de beneficio para algunos de mis lectores. No he intentado darte una respuesta a preguntas sin respuesta, sino que he intentado compartir sinceramente mi corazón sobre el tema. Por favor, confía en Dios a pesar de lo que te haya sucedido a ti mismo o a otra persona que conozcas. A pesar de lo que suceda en este mundo, ¡Dios es bueno y Él te ama! Si te has estado atormentando con la pregunta: "¿Por qué, Dios, por qué?", te insto a que tomes la decisión de echar toda tu ansiedad sobre Dios y decir en cambio: "Confío en ti, Señor, ¡a pesar de todo!".

Ayúdame: Estoy enojado

Si eres una persona enojada y estás leyendo este libro, en primer lugar déjame elogiarte por estar dispuesto a estudiar en un área en la que necesitas ayuda. Yo creo firmemente que puedes vencer el enojo desequilibrado y pecaminoso, y que lo harás. Cierto tipo de enojo es pecado y cierto tipo no lo es, así que quiero hablar de ambos tan sólo para asegurar que tengas una clara comprensión.

Enojo que no es pecado

Dios nos ha dado la emoción del enojo para hacernos saber cuándo nosotros u otra persona estamos siendo tratados injustamente. Se hace referencia a este tipo de enojo como *ira justa*, y su propósito es motivarnos a emprender una acción piadosa para rectificar la ofensa.

Cuando una de nuestras hijas tenía siete años de edad, tenía problemas para hacer amistades en la escuela a la que iba. Vivíamos cerca de la escuela, y un día resultó que yo pasé por allí en el auto de camino a hacer un recado. Observé que mi hija estaba sentada ella sola en el patio, viéndose muy sola mientras los demás niños estaban jugando. Yo sentí enojo porque la estaban tratando mal, y el enojo que sentí no era pecado. Respondí orando por ella y pidiendo a Dios que le diese amigos. Si yo hubiese respondido entrando en las instalaciones de la escuela y gritando a los otros niños, mi enojo habría sido equivocado.

Creo que es importante entender que cada vez que sentimos enojo no significa que estemos pecando. Hay muchas cosas que avivan la emoción del enojo, pero lo más importante es el modo en que manejemos ese sentimiento.

Existe tal cosa como una ira justa, y en el Salmo 78 vemos que Dios se enojó justamente contra quienes adoraban ídolos. Qué ridículo adorar una estatua de piedra cuando podemos adorar al Dios viviente de toda la creación. En la justicia de Dios, Él castigó este tipo de injusticia con la esperanza de que hiciera que el pueblo se arrepintiese y regresase a Él. Ese castigo tenía la intención de ayudar al pueblo, no de hacerles daño. La ira justa siempre emprende la acción con la intención de ayudar.

Este es el mismo tipo de enojo que tenemos hacia nuestros hijos cuando ellos hacen cosas que sabemos que les dañarán. Mostramos nuestro enojo y les corregimos con el fin de ayudarles.

Cuando visité Camboya y vi a niños que vivían en el vertedero de basura de la ciudad, revolviendo entre la basura intentando encontrar comida para comer y pedazos de vidrio o de plástico para vender, me entristecí en mi corazón y sentí un enojo justo hacia ese tipo de injusticia. No me limité a seguir enojada; decidí hacer algo con respecto a la injusticia. Nuestro ministerio compró autobuses y los equipó como salas de clase y un restaurante a fin de poder alimentar y enseñar a los niños cada día. Los autobuses también tienen duchas para que los niños puedan limpiarse y recibir ropa nueva cuando lo necesiten. Esta fue una buena respuesta al enojo que yo sentí. La Palabra de Dios nos dice que el único modo de vencer el mal es con el bien (Romanos 12:21).

Este tipo de enojo no es pecado; en realidad es bueno porque nos mueve a emprender la acción.

Muchas personas actualmente están enojadas por la injusticia, pero sólo se quedan enojadas y cada vez se enojan más. Pasan su tiempo enojando a los demás con su conversación y actitudes negativas, y no se emprende ninguna acción positiva para corregir nada. Con frecuencia tienen una actitud de desesperanza; deciden que nada hará ningún bien, de modo que no se molestan en intentarlo. Este es un tipo de enojo que fácilmente se convierte en pecado.

La hija de trece años de edad de una madre murió a causa de un conductor borracho a quien se le dictó una sentencia muy ligera por parte de un juez. La madre de esa muchacha estaba muy enojada, pero decidió dirigir su enojo a algo positivo, así que formó una organización llamada MADD (Madres contra la conducción ebria). Esta organización ha sido fundamental en la reforma legislativa para que haya leyes más estrictas contra los conductores que conducen borrachos. Ella podría haber pasado su vida con enojo y amargura; en cambio, *venció el mal con el bien*.

Yo estaba muy enojada con mi padre por el trato abusivo que me daba. Le odié y herví de enojo durante años, pero finalmente comprendí que la única manera de vencer el mal que me habían hecho era hacer algo bueno para ayudar a los demás. Ese es uno de los motivos de que haya pasado los últimos treinta y cinco años enseñando la Palabra de Dios y ayudando a personas que sufren.

Un hombre llamado Wilbur Wilberforce llegó a enojarse tanto por la esclavitud en Inglaterra que pasó la mayor parte de su vida luchando contra ella y trabajando para que hubiese legislación que la hiciese ilegal. La Historia está llena de personas que se enojaron por la injusticia y lucharon para causar un cambio positivo. Tristemente, la Historia también está llena de personas que se enojaron, y después fueron resentidas y amargadas y finalmente llenas de odio. Ellas con frecuencia emprendieron acción que provocó daño a multitudes de personas.

Cada época ha sido testigo de algún tipo de injusticia, y la nuestra no es diferente, pero el enojo que finalmente se convierte en odio no es la respuesta. El odio es una emoción fuerte. Nunca odiamos a alguien un poco; es una emoción demandante, y demanda el maltrato de la persona a quien se odia. El odio comienza como enojo. Utiliza toda tu energía para vivir; te carcome como si fuese una enfermedad progresiva y llena tus pensamientos y tu conversación. Te hace ser amargado, malhumorado y mezquino; hace que no puedas ser utilizado por Dios.

Si ya has experimentado injusticia en la vida y has sido herido, no mantengas vivo el ciclo mediante el odio.

La única respuesta para el enojo es el perdón. Ejercitar el perdón es con bastante frecuencia un proceso. Comienza con una decisión no sólo de obedecer a Dios, sino también de hacernos un favor a nosotros mismos y perdonar; sin embargo, la sanidad de nuestros recuerdos y emociones toma tiempo. La segunda parte de este libro está dedicada a la importancia del perdón y el "cómo" efectuarlo.

¿Es tu enojo válido o distorsionado?

Antes de poder manejar adecuadamente nuestro enojo, debemos ser lo bastante sinceros para preguntar si es válido o distorsionado. Las cosas que las personas hacen y que nos causan enojo podrían ser el resultado de algo equivocado en nosotros en lugar de ser algo que ellos estén haciendo mal. Solamente porque estemos enojados no significa que nuestro enojo sea válido. De hecho, probablemente un gran porcentaje de personas que se enojan con mucha facilidad lo hacen debido a una herida en su alma que nunca han permitido que se cure. Las personas enojadas frecuentemente se enojan por cosas que todos los demás manejamos día tras día sin enojo.

· Anteriormente había cosas que Dave hacía y que me ponían muy enojada, pero esas mismas cosas ahora no me molestan en absoluto. Él sigue haciendo algunas de esas mismas cosas, pero yo he cambiado. Mi enojo era un resultado de mis propias inseguridades.

Si una persona es insegura, con frecuencia responde a otros con enojo si no está de acuerdo con todo lo que los demás piensan, sienten y dicen. Esa persona percibe todo desacuerdo como rechazo, y el problema es realmente de ella, y no de la persona con la que se ha enojado. Las personas inseguras necesitan mucho refuerzo positivo a fin de sentirse bien consigo mismas, y si no lo obtienen, con frecuencia se enojan.

A veces sencillamente nos enojamos porque no hemos obtenido lo que queríamos en el momento en que lo queríamos y del modo en que lo queríamos. La historia que voy a compartir contigo me conmueve profundamente. Es una historia de impaciencia y enojo que le costó mucho a un hombre, todo ello debido al enojo.

EL REGALO DE UN PADRE. Autor anónimo

Un joven se estaba preparando para graduarse de la universidad. Por muchos meses admiró un hermoso deportivo en el escaparate de una tienda de autos, y sabiendo que su padre bien podía permitírselo, le dijo que eso era lo que quería como regalo de graduación. Cuando se acercaba el gran día, el joven esperaba señales de que su padre hubiese comprado ese auto.

Finalmente, la mañana de su graduación el padre del muchacho le llamó a su estudio privado, y le dijo a su hijo lo orgulloso que estaba de tener un joven tan bueno y lo mucho que le quería. Le entregó a su hijo una caja hermosamente envuelta.

Con curiosidad, pero en cierto modo defraudado, el joven abrió la caja y encontró una bonita Biblia de piel con el nombre del joven inscrito en letras doradas. Enojado, levantó su voz a su padre y le dijo: "Con todo el dinero que tienes, ¿me regalas una Biblia?", y salió furioso de la casa, dejando allí la Biblia.

Pasaron muchos años, y el joven fue muy exitoso en los negocios. Tenía una hermosa casa y una familia maravillosa, pero se dio cuenta de que su padre era muy viejo y pensó que quizá debiera ir a visitarle. No le había visto desde aquel día de la graduación.

Antes de que pudiera organizar las cosas para ir, recibió un telegrama diciéndole que su padre había fallecido y le había dejado todas sus posesiones a su hijo. Él debía acudir inmediatamente y ocuparse de todas las cosas. Cuando llegó a la casa de su padre, una repentina tristeza y lamento llenaron su corazón. Comenzó a examinar los documentos importantes de su padre y vio la Biblia aún nueva, tal como él la había dejado años antes. Con lágrimas, abrió la Biblia y comenzó a pasar las páginas. Su padre había subrayado cuidadosamente un versículo: Mateo 7:11:

"Pues si ustedes, aun siendo malos, saben dar cosas buenas a sus hijos, ¡cuánto más su Padre que está en el cielo dará cosas buenas a los que le pidan!".

Mientras leía esas palabras, una llave de auto cayó desde la parte trasera de la Biblia. Tenía una etiqueta con el nombre de la tienda, la misma que tenía el deportivo que él había querido. En la etiqueta estaba la fecha de su graduación y las palabras: PAGADO POR COMPLETO.

Esta historia me llena de tristeza. Es un poderoso ejemplo del modo en que muchos de nosotros conducimos nuestras vidas. En lugar de aceptar los regalos de Dios con gratitud, incluso si no pensamos que son exactamente lo que nosotros habíamos pedido, nos enojamos y cortamos el contacto con Él. ¡Por favor, no hagas eso! Recuerda que tu Padre te ama más de lo que puedas nunca imaginar. Él sólo quiere el bien para ti, aunque lo envuelva de modo distinto a como tú habías esperado.

Cuando tenemos un problema que se manifiesta en un enojo anormal, es vital que nos hagamos cargo del problema. Debemos tomarlo como nuestro problema y dejar de emprenderla con los demás que en realidad no son el problema en absoluto. Muchas relaciones son destruidas debido a problemas de este tipo. Durante mucho tiempo yo intenté hacer que Dave pagase por lo que mi padre me hizo no confiando en él e intentando controlarle de modo que no pudiera nunca herirme. En realidad yo tenía una mala actitud hacia todos los hombres porque un hombre me había hecho daño. Sentía que me debían algo, y estaba intentando cobrarlo de cualquier persona que hubiese en mi vida. Gracias a Dios, finalmente vi lo que estaba haciendo y le pedí a Dios que me compensase por las injusticias en mi vida, y Él lo hizo.

Si estás enojado, permite que te haga algunas preguntas. ¿Está haciendo tu enojo algún bien para ti mismo o para otra persona? ¿Está resolviendo el problema? ¿Está cambiando a la persona con la que estás enojado? ¿Está tu enojo aumentando tu gozo y tu paz?

¿Crees que eres una persona razonablemente inteligente? Si es así, ¿entonces por qué seguirías haciendo algo que es una total pérdida de tiempo? ¿Por qué no decidir hacerte un favor a ti mismo y soltarlo? Entrega toda la situación a Dios en oración. Echa tu ansiedad sobre Él y dale la oportunidad de que se ocupe de ti. Permite que Dios trate las injusticias en tu vida. En Isaías 61 Él promete darnos una doble recompensa por nuestros anteriores problemas. A mí me gusta ese tipo de compensación, ¿y a ti?

Puede que estés pensando: "Joyce, no puedo causarme a mí mismo no sentir enojo". Estoy de acuerdo, pero lo que puedes hacer es comenzar a orar por la persona con la que estás enojado en obediencia a Dios, y eso ayudará. Lo siguiente es comenzar un estudio intenso de la Palabra de Dios sobre el tema del enojo. La Palabra de Dios tiene poder real en ella que te capacitará para hacer lo correcto, y causa sanidad a tu alma. Es la medicina de Dios para un alma herida. Confía en la Palabra de Dios. Acércate a ella con expectativa y fe. Si tienes dolor de cabeza y acudes a un bote de analgésicos, lo haces con la expectativa de que ayudarán a aliviar tu dolor. Acude a la Palabra de Dios del mismo modo y tómala como medicina para tus emociones heridas.

Lo más importante es decidir que no vivirás una vida enojada. Si eres firme en tu decisión, los problemas que estés teniendo se solucionarán. Dios te guiará de una manera en particular que será correcta para ti. Siempre queremos una fórmula rápida para todos nuestros problemas, pero lo cierto es que tenemos que confiar en Dios y permitirle que nos dirija como individuos. La Biblia está llena de sabiduría que nos ayudará a evitar el enojo. Detectar y resistir el enojo temprano es el mejor plan. No permitas que el enojo eche raíces en tu alma y se convierta en un problema que será difícil de tratar.

Si eres una persona enojada, y lo has admitido y estás preparada para recibir ayuda, puedes emocionarte porque no permanecerás enojada por mucho tiempo. Estás en el camino hacia la abundancia de paz y nuevos niveles de gozo. Podrás amar a las personas de manera piadosa que añadirá poder a tu vida.

La respuesta amable calma el enojo, pero la agresiva echa leña al fuego.

Proverbios 15:1

«Si se enojan, no pequen». No dejen que el sol se ponga estando aún enojados, ni den cabida al diablo.

Efesios 4:26–27

Mis queridos hermanos, tengan presente esto: Todos deben estar listos para escuchar, y ser lentos para hablar y para enojarse; pues la ira humana no produce la vida justa que Dios quiere.

Santiago 1:19–20

CAPÍTULO
8

Ayúdame: Tengo una relación con una persona enojada

Podemos aprender a controlar nuestro enojo, pero no podemos controlar el enojo de otras personas. Debemos aprender a manejar a las personas enojadas en nuestras vidas de manera que nos proteja y que les ayude a ellos.

En primer lugar, hablemos sobre el enojo que se vuelve violento. Yo no creo que Dios nos haya llamado a recibir abuso por parte de personas enojadas. Mi madre permitió que mi padre abusara de ella y, en el proceso, terminó no protegiéndonos a mi hermano y a mí. Mi padre era abusivo verbalmente con ella, su lenguaje era con frecuencia amenazante, y sus sucias maldiciones eran un sonido común en nuestra casa. Él la amenazaba con golpearla con frecuencia, y sí le daba una bofetada en la cara a veces e incluso le golpeaba. Le era infiel regularmente, y aun así, ella meramente lo soportaba. Ella sentía que estaba comprometida con el matrimonio, pero en muchos aspectos yo sentía que ella no se tenía respeto a sí misma al permitir que él la tratase del modo en que lo hacía. Entiendo que ella tenía temor, pero yo hubiera deseado con todo mi corazón por causa de ella misma, y también por mí y por mi hermano, que ella pudiera haberle confrontado o abandonado.

Las mujeres de su época rara vez se divorciaban; simplemente soportaban cualquier tipo de trato que recibían. En nuestra época las personas se divorcian demasiado, y con frecuencia no hacen ningún esfuerzo por solucionar sus dificultades. Pero ambos extremos son equivocados.

Los datos sobre mujeres maltratadas son sorprendentes. Según la Agencia de Estadística, en los Estados Unidos aproximadamente 5,3 millones de mujeres de dieciocho años de edad o más mayores reciben abusos físicamente, verbalmente o sexualmente cada año. Cada día, cuatro mujeres en este país mueren como resultado de la violencia doméstica. Como he dicho, yo no creo que ninguna persona debería permitir que otra abuse de ella. No es la voluntad de Dios que vivamos en temor. Las personas violentas normalmente pronuncian amenazas; controlan con tácticas de temor. Son cobardes que se abren camino en la vida con violencia, y necesitan ser confrontadas por su propio bien.

Recuerdo el temor que llenaba la atmósfera misma de mi casa cuando yo era una niña. Recuerdo quedarme fuera en el frío con mi mamá, esperando a que mi padre se desmayase cuando estaba bebido para no recibir sus golpes. Recuerdo los gritos, maldiciones, amenazas, empujones y golpes. Recuerdo la furia, y su puño levantado delante de mi cara con amenazas de golpearme. El temor en el que viví llegó a arraigarse en mi alma, y fueron necesarios muchos años de trabajo con Dios antes de ser libre de él.

Si estás leyendo este libro y te encuentras en una relación abusiva, te suplico por tu propio bien y por el bien de tus hijos, si tienes alguno, que por favor busques ayuda. Si no sabes qué hacer, obtén consejo, llama al número de teléfono para mujeres maltratadas o acude a un refugio; pero no existas meramente, esperando la próxima vez que la persona enojada decida soltar su enojo contigo. Las personas que abusan de otras personas necesitan ayuda. Son personas enfermas que no saben cómo procesar adecuadamente su enojo y sus frustraciones. Normalmente ellas mismas han sido heridas y reaccionan debido a sus propias heridas. Sin duda, necesitan oración, pero cuando oramos debemos entender que nosotros necesitamos estar listos para emprender cualquier acción que Dios nos dirija a emprender.

Llegó el momento en mi propia vida en que tuve que confrontar a mi padre con respecto a los años en que él había abusado de mí. Yo tenía aproximadamente cuarenta y cinco años y seguía sufriendo debido a lo que él me había hecho. Dios me mostró que confrontarle era la única manera de romper el círculo de temor en mi vida. Me resultó muy difícil hacerlo, porque sabía que experimentaría su enojo y lo hice, pero también cumplí lo que Dios me estaba dirigiendo a hacer, y eso me ayudó a ser libre. Nosotros siempre debemos hacer la parte que Dios nos dirija a hacer, independientemente del modo en que reaccione la otra persona.

La mayoría de quienes están leyendo este libro no están tratando con el tipo de personas enojadas de las que he estado hablando, pero sí se encuentran con personas enojadas en su vida, y algunos de ustedes tienen una relación con alguien que está enojado.

Debido a que un hombre enojado dictó mi vida durante tantos años, yo estaba enojada y liberaba mi enojo con palabras y también con mis actitudes. Mi enojo se manifestaba frecuentemente cuando todo no salía del modo en que yo quería en la vida. Yo estaba equivocada, y necesitaba confrontación piadosa tal como mencioné anteriormente en el libro. Una de las mejores cosas que Dave hizo por mí fue no permitir que mi enojo le hiciese infeliz. Creo que una de las mejores cosas que puedes hacer por una persona enojada es mostrarle mediante el ejemplo que hay una mejor manera de vivir y de comportarse.

Ser un ejemplo

Debido a que yo no había vivido nunca en una atmósfera donde existiera la estabilidad, no sabía lo que eso era. Dave fue un ejemplo de estabilidad para mí, y eso era muy importante. Si él tan sólo me hubiera dicho que dejase de estar enojada y hubiera respondido a mi enojo con su propio enojo, no creo que yo habría cambiado nunca. Como el dicho: "Dos males no constituyen un bien". Según la Palabra de Dios, no debemos confrontar el enojo con enojo ni el mal con mal, ni el insulto con insulto.

> No devuelvan mal por mal ni insulto por insulto; más bien, bendigan, porque para esto fueron llamados, para heredar una bendición.
>
> *1 Pedro 3:9*

Soy bien consciente de que hacer esto es más difícil que leerlo, pero en cualquier cosa que Dios nos pida que hagamos, Él nos dará la fuerza para hacerlo si nosotros estamos dispuestos a ser obedientes a Él. Dios sí tiene la solución a cualquier problema que tengas, y sus caminos siempre funcionan si nosotros cooperamos con ellos.

Yo creo con todo mi corazón que el ejemplo de Dave para mí fue lo que me hizo querer cambiar. Él fue firme conmigo pero nunca permitió que yo le robase su gozo. Él me hizo saber que si yo quería ser infeliz, era mi decisión, pero que él iba a ser feliz aunque yo lo fuese o no. Él fue coherente durante un largo período de tiempo y, finalmente, yo entendí que me estaba perdiendo mucho en la vida y que necesitaba cambiar. Nadie puede cambiar hasta que quiera hacerlo, así que si intentas tú mismo cambiar a las personas que hay en tu vida, eso solamente te frustrará. Sólo Dios puede cambiar a las personas desde el interior, y lo hace cuando nosotros queremos que lo haga. Por tanto, ora por las personas enojadas, para que permitan que Dios obre en sus vidas, ¡y sé un ejemplo para ellas!

¿Estás permitiendo que una persona infeliz te haga infeliz?

Cuando digo en mis conferencias que no deberíamos permitir que la actitud de otra persona determine nuestro nivel de gozo, siempre obtengo una respuesta increíble. Puedo ver por las caras de la audiencia que han hecho eso sin ni siquiera darse cuenta de que tenían otra opción. En realidad, somos fácilmente controlados por las emociones negativas de otras personas hasta que aprendemos que tenemos algo que decir en el asunto.

*   *   *

Marie tenía la oportunidad de hacer un fabuloso viaje en el famoso tren Orient Express desde Venecia a París. Decidió invitar a su hermana, Jean, al viaje como regalo de su cincuenta cumpleaños, con todos los gastos pagados. Jean aceptó, y salieron para hacer el viaje de toda una vida. Después de unos días en Venecia, Jean decidió que extrañaba a su esposo y a sus hijos, y fue infeliz. Cuando llegó el momento en que ella y Marie se subieron al tren con destino a París, Jean se sentía enojada. ¡Solamente quería regresar a casa!

También se sentía incómoda en un país en el que ella no hablaba el idioma y ni siquiera podía pedir una taza de café sin esforzarse por hacerse entender.

Poco tiempo después, Jean estaba enojada con su hermana. Sentía que Marie estaba presumiendo porque podía permitirse llevar a su hermana más pobre a hacer un bonito viaje. Con cada día que pasaba, comenzaba a tener cada vez más resentimiento con Marie, y su conducta se volvió totalmente desagradable.

Marie enseguida se dio cuenta de que Jean estaba enojada con ella. Quizá tuviera envidia de Marie, que había viajado mucho y se sentía bien en las situaciones nuevas. Cualquiera que fuese la causa, Marie decidió que podía haber dos posibles resultados: Jean podía estar enojada, ¡o Jean y Marie podían estar enojadas! Marie decidió ser amable con su hermana a pesar de todo. Se mordió la lengua muchas veces durante el viaje y decidió que disfrutaría de esas vacaciones especiales incluso si Jean decidía no hacerlo.

¡Qué frustrada estaba Jean cuando Marie escogió no responder a su enojo! Marie mira atrás a ese viaje y está agradecida de haber sido capaz de saborear cada parte, a pesar del enojo de su hermana. Aunque desearía que Jean lo hubiera pasado mejor en las vacaciones, ¡sabe que al menos una persona lo disfrutó!

*   *   *

Nos preparamos para una vida de tristeza si permitimos que otras personas determinen nuestro nivel de gozo. Algunas personas ya han decidido que no van a ser felices, y nada de lo que nosotros hagamos les hará cambiar de opinión. Recientemente escuché esta frase: "Una madre nunca será más feliz que su hijo más infeliz". En realidad es cierto normalmente, pero no tiene por qué serlo. Debemos entender que no ayudamos a otras personas estando malhumorados con ellas, y que podemos hacernos un favor a nosotros mismos y mantener nuestro gozo a pesar de lo que hagan los demás. El gozo del Señor es nuestra fortaleza, así que mantenerlo nos ayuda a atravesar las situaciones que necesitamos soportar en la vida. La tristeza nos debilita, pero el gozo nos fortalece.

¿Podemos realmente tener gozo cuando otras personas que nos rodean están enojadas e infelices? Sí, podemos hacerlo si fijamos nuestra mente en hacerlo. Y una vez más quiero hacer hincapié en que creo que es lo *mejor* que podemos hacer por la persona enojada. Tan sólo mantener un deleite calmado en su presencia. Asegurar a esa persona que la amas y que quieres que sea feliz, pero que no vas a permitir que sus decisiones dicten tu calidad de vida. No te vuelvas codependiente de la conducta de otra persona.

Yo sé cómo funciona eso porque el enojo de mi padre no sólo controlaba a todos los demás en la casa, sino que me he encontrado con otras situaciones parecidas en mi vida. Una vez tuve un jefe que frecuentemente estaba enojado y a quien era difícil agradar. Yo estaba feliz cuando él estaba feliz y molesta cuando él estaba molesto. Ese patrón había sido establecido en mi niñez, y yo respondía de modo automático a las personas enojadas teniendo temor y sintiéndome intimidada. Gracias a Dios porque Él me ha hecho libre, y Él hará lo mismo por ti si tienes una necesidad en esta área.

También tuve una vecina y amiga que se enojaba con facilidad, especialmente si yo no hacía todo lo que ella quería que hiciera, y yo respondía a ella del mismo modo en que lo hacía con mi padre y con mi jefe. El diablo siempre se asegurará de que tengamos bastantes personas enojadas en nuestras vidas si permitimos que ellas nos controlen, de modo que debemos fijar nuestra mente de antemano con respecto al modo en que responderemos a las personas enojadas.

Si nos encontramos con una persona que está molesta, naturalmente deberíamos intentar ayudarla; pero si esa persona se niega a recibir ayuda, no hay razón lógica alguna para que nosotros desperdiciemos nuestro tiempo y energía. Llegar a enredarnos en la conducta disfuncional de otras personas nunca es sabio. Haz lo que puedas hacer, pero no desperdicies tu vida intentando enmendar a alguien que se niega a cambiar.

Puede que haya veces en que lo mejor sea dejar de relacionarte con la persona enojada. Desde luego, eso no es siempre posible si estás tratando con un familiar, pero sin duda no necesitamos mantener amigos enojados.

De hecho, la Biblia nos enseña a no relacionarnos con personas enojadas:

No te hagas amigo de gente violenta, ni te juntes con los iracundos.

Proverbios 22:24

No te culpes a ti mismo

Cualquier cosa que hagas, no recibas la culpabilidad que una persona enojada pueda intentar entregarte. Las personas disfuncionales casi siempre tienen un inmenso problema al culpar de toda su mala conducta a algo o alguien. Culpar les libera de la responsabilidad de cambiar. ¡No aceptes la culpa! Todos debemos asumir la responsabilidad de nuestra conducta, e incluso si has cometido errores, eso no le da a otra persona el derecho a comportarse mal. Si has hecho algo equivocado, entonces discúlpate; pero no desperdicies tus días revolcándote en la culpabilidad.

El diablo trabajará mediante cualquier fuente que pueda para hacernos sentir culpables y condenados. Sabe que eso nos debilita y nos aplasta. Jesús vino para perdonar nuestros pecados y quitar la culpabilidad; Él vino para fortalecernos y levantarnos. ¿Estás permitiendo que el diablo te robe tu gozo y tu fortaleza mediante la culpabilidad? Si es así, deja que hoy sea el día en que decidas ya no culparte a ti mismo de los problemas de otras personas. Incluso si cometiste errores en tu trato con otras personas, Dios puede producir sanidad a todos los implicados si se lo permiten. El primer paso hacia esa sanidad es el perdón y soltar el pasado.

Ora, ora, ora

No te des por vencido con las personas enojadas. Ora y sigue orando para que vean la verdad y comiencen a caminar en la luz. Ellos obviamente tienen una atadura, una herida o algo equivocado en su pasado que causa el enojo. Hazles saber que estás dispuesto a ayudarles pero no estás dispuesto a ser su poste de flagelación.

Sigo sorprendiéndome por el poder de la oración, y cuanto más tiempo vivo más comprometida estoy a orar como primera línea de defensa en toda situación. Puedo recordar hacer necias afirmaciones como: "He hecho todo lo que he podido, no queda otra cosa sino orar". La oración debería haber sido lo *primero* que hiciera.

¿Recuerdas a Susanna? Ella pasó por un período terrible de sufrimiento y abandono por parte de su familia y amigos. Durante el curso de los últimos años, ella ha aprendido a confiar en Aquel que nunca nos dejará ni nos abandonará. Ella te dirá que ahora es una persona diferente de la que era antes de que comenzasen sus problemas. Ha aprendido a orar por quienes le han hecho daño. Al principio sus oraciones eran tibias. Estaba enojada con su ex-esposo, su hermana y sus hijos. A medida que oró por sanidad para ella misma, comenzó también a orar por sanidad para ellos. Como sucede con frecuencia, cuando ella se puso en el lugar de ellos comenzó a entender que ella había contribuido a cierta parte del daño que había soportado. Ella había usado su dinero y su poder para controlar a otros que le rodeaban. Ahora está trabajando en oración para permitir a otros "ser ellos mismos" y no siempre intentar salirse con la suya. Está viviendo una vida más sencilla, y aunque tiene muchos retos, ella dice que confía en Dios de manera nueva y más profunda. Lo creas o no, Susana no regresaría a su vieja vida aunque pudiera. Dios le permitió pasar por el fuego, y aunque ella ha experimentado mucho dolor, también es una persona mucho más compasiva. ¿Sigue sufriendo? Sí. Pero ella será la primera en decirte que ahora confía en Dios en lugar de confiar en el dinero y en las personas, y su enojo se ha fundido.

He visto cambios increíbles en personas por medio del poder de la oración. No podemos manipular a otras personas mediante nuestras oraciones, pero por medio de la oración sí damos a Dios una puerta abierta para trabajar diligentemente en sus vidas, y Él aplica una amorosa presión sobre ellos a su propia manera. Yo no puedo explicar por qué a veces oramos y obtenemos respuestas casi de inmediato, y otras veces oramos durante años y seguimos orando. Pero estoy comprometida a seguir orando y dando gracias a Dios porque Él está obrando en las vidas de las personas por las que oro, incluso si yo no estoy viendo resultados. ¡Creo que cuando oramos Dios obra!

> Pidan, y se les dará; busquen, y encontrarán; llamen, y se les abrirá.
>
> *Mateo 7:7*

> La oración del justo es poderosa y eficaz.
>
> *Santiago 5:16b*

Nadie está nunca más allá del alcance de Dios, y nunca es demasiado tarde para que una persona cambie. Si una persona que sufre no sabe cómo acudir a Dios o no está dispuesta a pedirle ayuda, entonces necesita un intercesor. Necesita a alguien que se ponga en la brecha entre ella y Dios y ore. Jesús cumple ese ministerio por nosotros, y nosotros podemos hacer y deberíamos hacer lo mismo por otras personas. ¡Nunca dejes de orar!

CAPÍTULO
9

¿Por qué perdonar?

Las cosas podrían haber parecido más normales para la familia de Brooks Douglass, de dieciséis años de edad, a la hora de la cena del día 15 de octubre de 1979. Mientras su madre preparaba la cena para la familia, su padre, un ministro bautista, estaba estudiando para el sermón que daría el domingo siguiente en la iglesia Putnam City Baptist en Okarche, Oklahoma. La hermana menor de Douglas, Leslie, estaba poniendo la mesa. Una hermosa muchacha de doce años, era la reinante Miss Teen Oklahoma. La vida era buena para esta joven familia.

Cuando el perro comenzó a ladrar, Leslie salió y se encontró con un hombre que afirmaba estar buscando a un vecino del que la familia no había oído nunca. Cuando el hombre pidió usar el teléfono, Brooks le invitó a entrar.

Minutos después, un segundo hombre pasó por la puerta enseñando un arma de dos cañones. Los dos hombres obligaron a la familia a tumbarse en el piso de la sala y ataron a todos excepto a Leslie. La llevaron a la habitación contigua y procedieron a violar a la muchacha durante más de tres horas. El resto de la familia no podía hacer nada sino escuchar sus gritos de agonía.

Cuando los hombres terminaron, entraron a la cocina y se comieron la cena que aún estaba en la cocina. Durante otras dos horas, aterrorizaron a sus víctimas y debatieron qué hacer con ellos después. Entonces dispararon a cada uno. El pastor y la señora Douglass, de sólo cuarenta y tres y treinta y nueve años de edad, murieron. Los asesinos se fueron con cuarenta y tres dólares y los anillos de boda de la pareja.

Los hijos sufrieron graves heridas y permanecieron en el hospital, bajo custodia policial, durante tres semanas. Pero la sanidad emocional tardaría mucho más tiempo en llegar. Para Brooks, los años siguientes a los disparos fueron una espiral descendente. Se matriculó en la Universidad Bautista de Oklahoma pero la abandonó casi inmediatamente. Fue de Estado en Estado, haciendo trabajos esporádicos y cayendo cada vez más profundamente en el abuso del alcohol y la depresión.

Más adelante, se abrió camino hasta la Universidad Baylor para estudiar para el ministerio; pero se había convertido en un bebedor y pronto fue suspendido por sus bajas calificaciones y una actitud problemática. Finalmente completó los estudios universitarios y entró en el negocio de los bienes inmuebles. Se casó, pero su matrimonio fracasó.

En los años siguientes, Douglass lentamente reconstruyó su vida, impulsado por el deseo de llevar ante la justicia a los asesinos de sus padres. Finalmente se licenció en Derecho y fue candidato a un escaño en el Senado estatal de Oklahoma, el cual obtuvo.

En febrero de 1995, mientras estaba en un recorrido de la penitenciaría estatal de Oklahoma, Douglass se encontró cara a cara con Glen Ake, uno de los hombres que habían matado a sus padres. Preguntó al director de la penitenciaría si podía hablar con el prisionero, que estaba en el corredor de la muerte. Douglass tenía una pregunta: *¿Por qué lo hizo?* Los dos hombres hablaron por más de una hora. Ake tenía muchos remordimientos y lloró durante toda la conversación. Cuando se levantó para irse, Douglass le dijo a Ake: "Te perdono". Cuando dijo esas palabras, "De repente sentí como si un veneno saliera por las plantas de mis pies. Fue una de las sensaciones más físicas que he tenido nunca, como si alguien quitase un cepo de mi pecho. Sentí que podía volver a respirar por primera vez en quince años".

Douglass después escribió y produjo una película, *Heaven's Rain* [Lluvia del cielo], que relata la historia de la tragedia y examina su viaje desde el enojo y la devastación hasta el perdón. Él ha dicho que la fe que sus padres habían alimentado tan cuidadosamente le ayudó a guiarle hasta un sentimiento de paz.

Brooks Douglass bien podría haber seguido observando cómo su vida seguía el curso del enojo, el dolor y el resentimiento si no hubiera sido por su acto de perdón.

Es de esperar que si entendemos el peligro de la amargura, el resentimiento y la falta de perdón, seremos motivados a hacer todo lo que podamos para evitarlo y nos ayudará a ser rápidos para perdonar. Necesitamos confrontar y dejar atrás estas devastadoras emociones.

Los sentimientos de enojo son muy fuertes y tienen tendencia a controlar nuestros actos; por tanto, cuanto más entendamos por qué deberíamos perdonar, más probable será que lo hagamos. A lo largo de los años he aprendido muchas razones muy buenas para no permanecer enojados y ser rápidos en perdonar que compartiré contigo.

Obediencia a Dios

Una de las primeras cosas que me motiva a perdonar es que Dios nos dice que lo hagamos. No creo que siempre tengamos que entender *por qué* Dios quiere que hagamos algo, pero simplemente deberíamos confiar lo suficiente en Él para hacerlo. Cuando vivimos en la voluntad de Dios, nuestra vida es siempre mucho mejor de lo que sería si siguiéramos nuestra propia voluntad. Estoy segura de que habrás visto las camisetas que tienen impresas en ellas la frase "Sólo hazlo", y así es como deberíamos responder a la voluntad de Dios.

La obediencia a Dios es lo mejor que podemos seguir porque siempre añade paz, gozo y poder a nuestras vidas. Si no obedecemos a Dios tenemos conciencias culpables, lo cual siempre nos debilita, y el gozo y la paz son bloqueados. Puede que intentemos ignorar el hecho de que estamos desobedeciendo y podemos poner excusas, pero los efectos siguen molestándonos. Nada se siente mejor que una conciencia limpia.

¿Estás furioso con alguien en este momento? Si es así, ¿por qué no obedeces a Dios y sencillamente perdonas a esa persona de modo que puedas seguir adelante con tu vida en paz, gozo y poder? Se ha dicho que Satanás utiliza la falta de perdón contra las personas más que cualquier otra cosa; lo utiliza para separar y dividir, para debilitar y destruir, y para obstaculizar nuestra comunión con Dios. Y esos son sólo algunos de los efectos devastadores de la falta de perdón.

Yo creo que cuando veas lo dañino que es la falta de perdón

en tu vida, te motivará a hacer todo lo que puedas para vivir libre de ello. Yo desperdicié muchos años estando enojada y amargada; ahora mi actitud es: "He estado ahí, he hecho eso, y no tengo ningún interés en volver a hacerlo". Ayer le dije a una persona que no tengo tiempo que desperdiciar estando furiosa con nadie.

*   *   *

Eva Kor es corredora de bienes inmuebles en Terre Haute, Indiana, vital y atractiva a los setenta y seis años de edad. Uno nunca imaginaría que ella sufrió una tortura impensable a manos del Dr. Josef Mengle cuando era una niña en el campo de concentración de Auschwitz. En 1995, ella regresó al campo en una misión, y esa misión se convirtió en una de las principales historias en las noticias en toda Europa. Ella leyó la siguiente declaración en el lugar mismo donde perdió su inocencia y a su familia: "Yo, Eva Mozes Kor, una gemela que sobrevivió cuando era niña a los experimentos de Josef Mengele en Auschwitz hace cincuenta años, por la presente doy amnistía a todos los nazis que participaron directamente o indirectamente en el asesinato de mi familia y de millones de otras personas".

Desde entonces, la Sra. Kor ha viajado por el mundo hablando de sus experiencias en Auschwitz. Su mensaje siempre se enfoca en el poder sanador del perdón. Ella dice: "El perdón no es nada más ni nada menos que un acto de sanidad propia, un acto de capacitación propia. Y yo sentí inmediatamente que una carga de dolor era quitada de mis hombros; que ya no era una víctima de Auschwitz, que ya no era una prisionera de mi trágico pasado, que finalmente era libre. Yo llamo al perdón la moderna medicina milagro. No hay que pertenecer a una sociedad médica, ni hay copago; por tanto, todo el mundo puede permitírselo. No tiene efectos secundarios. Y si no te gusta el modo en que te sientes sin el dolor del pasado, siempre puedes volver a recuperar tu dolor". Eva Kor no está desperdiciando su tiempo o su salud. Obviamente, su medicina milagro es la receta de Dios.

Deja que lo principal sea lo principal

La obediencia es el tema principal de la Palabra de Dios, y necesitamos permitir que sea lo principal en nuestras vidas. Oremos sinceramente cada día: "Hágase tu voluntad en la tierra así como en el cielo". Nuestra obediencia debería comenzar en nuestros pensamientos, porque esos pensamientos se convertirán en nuestros actos.

> Destruimos argumentos y toda altivez que se levanta contra el conocimiento de Dios, y llevamos cautivo todo pensamiento para que se someta a Cristo.
>
> *2 Corintios 10:5*

El apóstol Pablo nos insta a llevar cautivos nuestros pensamientos. La falta de perdón nace en el modo en que pensamos sobre personas y situaciones. He descubierto que si yo sencillamente escojo creer lo mejor de una persona en una situación, entonces puedo evitar con frecuencia la agonía del enojo y la amargura. O a veces podemos escoger sencillamente no pensar en una ofensa en absoluto. Una cosa es segura: cuanto más pensemos en la ofensa que alguien nos ha hecho, más enojados y amargados estamos, así que tomemos la decisión de hacer que nuestra obediencia a Dios comience en nuestros pensamientos.

Una versión de la Biblia en inglés dice que el perdón significa soltarlo y dejarlo ir. El modo en que hacemos eso es negándonos a pensar o hablar sobre ello. Saca la ofensa de tu mente y de tu boca, y tus emociones heridas y avivadas se calmarán.

Ellos lo soltaron

Hombres y mujeres en la Biblia que mostraron el poder de Dios mediante sus vidas siempre eran rápidos en perdonar. José es uno de los mejores ejemplos que encontramos en la Escritura y el apóstol Pablo es otro. Mencioné a José anteriormente, pero su historia es tan poderosa y sorprendente que vale la pena repasarla de nuevo y obtener de ella poderosos ejemplos.

Aunque los hermanos de José le odiaban y le trataron cruelmente, él fue obediente a Dios cuando se trató del perdón. Él sabía que la venganza no le pertenecía a él sino a Dios; confiaba en que Dios sacase cosas buenas de la situación mala, y eso es exactamente lo que sucedió. Aunque José se encontró a sí mismo en muchas circunstancias desafortunadas e injustas, experimentó las bendiciones de Dios. El favor de Dios estaba sobre él, al igual que lo está sobre cualquiera de nosotros que hacemos que la obediencia a Dios sea importante en nuestras vidas. Después de muchos años de ser un sirviente de otros hombres y pasar trece años en la cárcel por algo de lo que no era culpable, él siguió negándose a tener una actitud de amargura. Finalmente, Dios le puso en una posición de autoridad y poder en la tierra, y durante una época de hambruna, lo siguiente es lo que él dijo a sus hermanos que tenían hambre cuando acudieron a él en busca de ayuda:

> Así que, ¡no tengan miedo! Yo cuidaré de ustedes y de sus hijos. Y así, con el corazón en la mano, José los reconfortó.
>
> *Génesis 50:21*

Si pensamos en eso por un momento quedaremos sorprendidos por la actitud de José, y todos podemos aspirar a comportarnos del mismo modo cuando nos encontremos con personas mezquinas y cuando la vida sea injusta. ¿Por qué deberíamos perdonar y ser buenos con personas cuando ellas nos han tratado tan mal? ¡Porque Dios dijo que lo hiciéramos! Esa es la única razón que cualquiera de nosotros debería necesitar.

Los hermanos de José vivieron con temor y agonía durante sus vidas, mientras José tenía paz, gozo y poder. Por tanto, te pregunto: ¿quién fue la víctima y quién fue el vencedor? Inicialmente, podría parecer que José fue la víctima; después de todo, sus hermanos lo vendieron a mercaderes de esclavos. Pero en realidad él obtuvo una tremenda victoria cuando fue capaz de pasar por esa horrible situación y salir de ella siendo un mejor hombre de lo que era antes. Sus hermanos terminaron siendo las víctimas de su propio odio y celos. Cuando José tomó la decisión de perdonar, se hizo un favor a sí mismo que le benefició durante el resto de su vida.

El apóstol Pablo experimentó muchas pruebas mientras intentaba ayudar a las personas predicándoles el evangelio. Se encontró en la cárcel y después juzgado por delitos que no había cometido. La Biblia nos dice que en su primer juicio todos le abandonaron. Nadie permaneció a su lado, y eso debió de haber sido un sentimiento terriblemente solitario y que podría haber provocado amargura fácilmente. Después de todo, ¡él estaba siendo juzgado por intentar ayudar a las mismas personas que le abandonaron!

En mi primera defensa, nadie me respaldó, sino que todos me abandonaron. Que no les sea tomado en cuenta. Pero el Señor estuvo a mi lado y me dio fuerzas para que por medio de mí se llevara a cabo la predicación del mensaje y lo oyeran todos los paganos. Y fui librado de la boca del león.

2 Timoteo 4:16–17

Permíteme explorar estos versículos y compartir algunas cosas que veo. Dios estuvo al lado de Pablo y le fortaleció, pero ese no habría sido el caso si Pablo hubiera estado amargado y con falta de perdón. Un espíritu no perdonador nos separa de Dios. Por supuesto que Él nunca nos abandona, pero la luz no puede tener comunión con la oscuridad, de modo que bloqueamos u obstaculizamos el disfrute de su presencia en nuestra vida. Sin embargo, Pablo sí experimentó la presencia de Dios a su lado porque había sido obediente. Pablo también afirmó que había sido liberado del león, y que era Satanás obrando por medio de personas malvadas quien acusaba a Pablo y buscaba hacerle daño.

La obediencia rápida para perdonar a cualquiera con quien tengamos algo en contra nos dará poder y autoridad sobre Satanás. Permíteme recordarte que Pablo les dijo a las personas en una de sus enseñanzas que perdonasen para impedir que Satanás obtuviera ventaja sobre ellos (2 Corintios 2:10–11). ¡Tiene quizá Satanás una ventaja sobre ti o sobre una persona a la que conoces debido a la falta de perdón? Si es así, puedes corregirlo inmediatamente simplemente siendo obediente a Dios y perdonando por completo a cualquier persona con la que tengas algo en contra. Es momento de preguntar: "¿tienes rencor o el rencor te tiene a ti?".

Los doce discípulos que viajaban juntos tenían que perdonarse los unos a los otros frecuentemente por ofensas reales o imaginarias. Cuando pasamos mucho tiempo con las mismas personas, pueden molestarnos y nosotros imaginamos que están haciendo cosas a propósito para irritarnos. En realidad tan sólo están siendo ellos mismos, y nosotros simplemente hemos estado demasiado tiempo con ellos. Puedo imaginar lo difícil que debió de haber sido para los doce discípulos que en raras ocasiones se separaron los unos de los otros durante tres años. Ellos tenían personalidades opuestas y tuvieron que aprender a llevarse bien, al igual que lo hacemos nosotros en nuestra experiencia con las personas.

Pero incluso preguntó a Jesús cuántas veces tenía que perdonar a la misma persona por hacer lo mismo (Mateo 18:21). Es humorístico si utilizas tu imaginación por un momento y piensas en Pedro quizá comportándose como un niño enojado a quien un padre amoroso le enseña cómo llevarse bien con sus hermanos. Casi puedo ver a Pedro con la cara enrojecida de enojo y un puchero en su rostro diciendo: "¡Cuántas veces esperas que perdone? ¡Porque ya he llegado al colmo!".

¿Pensaría y se comportaría de ese modo un discípulo de Jesús? Aquellos doce hombres no eran distintos a nosotros. Eran seres humanos normales y corrientes que estaban aprendiendo a obedecer a Dios, y tenían las mismas reacciones mentales y emocionales que nosotros tenemos hacia la voluntad de Dios. Ellos sentían rebeldía, terquedad y toda la resistencia carnal de cualquier otra persona, y tuvieron que trabajar con Jesús para vencerlos. No te desesperes si tienes dificultades en el área de perdonar a otros. No conozco a nadie a quien le resulte fácil, pero podemos hacerlo con la ayuda de Dios.

La capacidad de amar a las personas

La capacidad de amar a las personas se ve obstaculizada cuando permanecemos enojados y nos negamos a perdonar. He escrito dos libros enteros sobre la importancia de amar a las personas, de modo que obviamente pienso que es algo a lo que necesitamos prestarle mucha atención. El amor es lo mayor en el mundo; sin él nuestras vidas no tienen sabor; son grises, apagadas y sin gusto y quedamos encerrados en cárceles de egoísmo. Dios desde luego sabía eso antes de crearnos, y ha proporcionado un camino para salir de los horrores de tal vida; ese camino es Jesús.

Y él murió por todos, para que los que viven ya no vivan para sí, sino para el que murió por ellos y fue resucitado.

2 Corintios 5:15

Para mí, esta es una hermosa escritura. Jesús murió para que pudiéramos ser libres de la cárcel del yo. Cuando estamos llenos de falta de perdón estamos llenos del yo. Pensamos en lo que nos han hecho, y en lo que alguien no hizo por nosotros y que debería haber hecho. ¿Pero qué sucedería si pensáramos más en lo que la persona que nos hizo daño se está haciendo a sí misma al desobedecer a Dios y tratarnos mal? Pensar en los demás siempre paga grandes dividendos y nos libera del egoísmo. Jesús murió para que no tengamos que vivir vidas enojadas y amargadas, ¡y eso son buenas noticias!

Puede que esto sea difícil de aceptar, pero en su raíz, la falta de perdón es egoísmo, porque se trata de cómo *yo* me siento y de lo que me han hecho *a mí*. Puede que suframos y que realmente hayamos sido tratados injustamente, pero encerrarnos y pensar solamente en nosotros mismos no nos ayuda a recuperarnos de nuestro dolor. Cuando Dios nos dice que perdonemos a nuestros enemigos rápidamente y les mostremos misericordia, parece que eso es la cosa más injusta del mundo. Pero en realidad Él sabe que es la única manera en que dejemos atrás el dolor y vivamos la buena vida que nos está esperando.

He descubierto que no puedo ser egoísta y feliz simultáneamente, y escojo ser feliz, de modo que tengo que olvidarme de mí misma y seguir acercándome a los demás.

La Biblia nos enseña que nos vistamos de amor (Colosenses 3:14). En realidad dice: "Por encima de todo, vístanse de amor". Esa frase simplemente significa que es algo para lo que nos preparamos y hacemos a propósito. Te aliento a planear cada día perdonar a alguien que pudiera haberte herido. No esperes hasta que suceda y después batalles con las emociones consiguientes, sino en cambio fija tu mente y mantenla fija en vivir una vida de amor.

*   *   *

Maggie se casó con James cuando tenía diecinueve años. Su meta en la vida siempre había sido estar casada y tener una familia. Ella nació para ser ama de casa, y no podía esperar a comenzar. Maggie había recibido mucho afecto en su familia cuando era pequeña, pero James no había recibido ninguno y, tristemente, no sabía cómo darlo. Maggie realmente extrañaba y necesitaba la muestra exterior de afecto. Aunque James amaba verdaderamente a Maggie, no le daba abrazos y besos a menos que quisiera sexo. No le ayudaba nada en la casa ni hacía mucho con los niños, porque él nunca había visto a su padre hacerlo. La madre de James hacía todo por su padre mientras él se quedaba sentado en un sillón; por tanto, James esperaba lo mismo de Maggie.

Debido a que Maggie estaba tan emocionada por ser una buena esposa, hacía todo por James, y en el proceso reforzaba las expectativas que él tenía de ese tipo de trato. Después de veinticinco años de matrimonio y cuatro hijos, Maggie estaba muy cansada de dar a su familia a la vez que sentía que recibía muy poco a cambio. Rara vez escuchaba palabras de aliento o de apreciación de parte de James, y aunque habló con él varias veces, él parecía incapaz o no dispuesto a cambiar. ¡Él pensaba que ella estaba siendo emocional y se lo decía!

Maggie se había estado enojando un poco más con cada año que pasaba. Tenía resentimiento, y un muro de separación se había levantado entre ella y James. Ella tenía un caso completo de amargura, resentimiento y falta de perdón, y cada vez era más infeliz a medida que pasaba el tiempo. Finalmente llegó a un punto de crisis en su corazón cuando supo que tenía que entregar a Dios a James y orar por él, o seguir sintiéndose desgraciada. También empezó a darse cuenta de que no sólo había permitido que James se aprovechase de ella, sino que ella había hecho lo mismo con sus hijos. Ella hacía demasiado por ellos, pensando que estaba siendo una buena madre. Lo que en realidad hacía les daba una actitud de sentirse con derechos que les hacía ser perezosos y poco agradecidos.

Ella sabía que las cosas tenían que cambiar, así que decidió comenzar a ocuparse de sí misma adecuadamente en lugar de sólo sentir lástima por ella. Siguió ocupándose bien de su familia, pero no hacía por ellos lo que ellos podían hacer y deberían hacer por sí mismos. Realmente se sentó con sus hijos y les explicó que ella había estado desequilibrada y que las cosas iban a cambiar. Les dijo lo que esperaba de ellos y cuáles serían las consecuencias si no hacían su parte.

Maggie comenzó a hacer algunas cosas que le gustaban. Cuando James o su familia se quejaban, ella decía con calma y amor: "Está bien que yo tenga una vida que me guste", y sencillamente hacía lo que sentía que Dios le daba permiso para hacer. Dar esos pasos de acción le ayudó a vencer el sentimiento de amargura. Seguía queriendo que James fuese más cariñoso, pero entendió que solamente Dios podía hacer la obra en él que necesitaba hacerse. James era un buen sostén de la familia, y en muchos aspectos era un buen esposo, así que Maggie comenzó a enfocarse en los puntos buenos sobre él en lugar de enfocarse en los que le faltaban.

Cuando ella quería que James hiciera algo en la casa o con los niños, sencillamente le pedía que lo hiciera en lugar de enojarse porque él no lo hacía sin que ella se lo pidiera. Las mujeres quieren que los hombres se den cuenta de lo que hay que hacer y se ofrezcan a hacerlo, pero la mayoría de ellos declaran que no pueden leer las mentes y dicen: "Si quieres que haga algo, ¿por qué no me lo dices?".

Esos cambios ayudaron mucho a Maggie. En lugar de tenerse a ella misma en su mente todo el tiempo pensando en lo que James no estaba haciendo por ella, oraba por él e intentaba recordar que él no había tenido un buen ejemplo cuando era pequeño. Su historia sigue estando en progreso, pero ella es mucho, mucho más feliz ahora y James le ha hecho algunos elogios en los últimos dos meses. Parece que están haciendo progreso, y eso es prueba de que los caminos de Dios sí funcionan.

La fe es bloqueada

Maggie tuvo que soltar la falta de perdón en su corazón antes de poder orar adecuadamente por James. Nuestra fe no funcionará con un corazón lleno de falta de perdón. Me pregunto cuántos millones de personas oran para que otros cambien, pero sus oraciones no son respondidas porque están intentando orar con enojo en sus corazones.

> Y cuando estén orando, si tienen algo contra alguien, perdónenlo, para que también su Padre que está en el cielo les perdone a ustedes sus pecados.
>
> *Marcos 11:25–26*

La fe obra y es vigorizada por el amor (Gálatas 5:6). La fe no tiene energía fluyendo por ella; no tiene poder cuando falta el amor. Oh, si las personas creyesen eso e intercambiasen su amargura por misericordia y perdón. Aprendamos que cuando las personas ofenden, verdaderamente se hacen daño a ellas mismas más del que nos hacen a nosotros. Que esa verdad llene nuestros corazones de bondad y paciencia hacia las personas.

A continuación, un breve resumen de algunos de los devastadores efectos de la falta de perdón:

Cuando nos negamos a perdonar, somos desobedientes a la Palabra de Dios.

Abrimos una puerta para que Satanás comience todo tipo de problemas en nuestras vidas.

Obstaculizamos el flujo de amor hacia otros.

Nuestra fe es bloqueada y nuestras oraciones son obstaculizadas.

Nos sentimos desgraciados y perdemos nuestro gozo.

Nuestras actitudes están envenenadas y escupimos el veneno a todo aquel que nos encontramos.

El precio que pagamos por aferrarnos a nuestros sentimientos de amargura definitivamente no vale la pena. La falta de perdón tiene efectos devastadores, así que hazte un favor a ti mismo... ¡perdona!

10

Quiero perdonar, pero no sé cómo

Es fácil decirle a una persona que tiene que perdonar a quienes le han herido, ¿pero y si no sabe cómo hacerlo? Yo he tenido a las mismas personas acudiendo a mí una y otra vez, pidiéndome que orase para que fueran capaces de perdonar a sus enemigos. Esas personas eran sinceras, pero nada exitosas. He establecido un proceso que creo que necesitamos atravesar a fin de experimentar victoria para perdonar a quienes nos han herido.

La oración es vital, pero *debemos hacer algo más que orar* a fin de perdonar. Cuando oramos, Dios siempre hace su parte, pero con mucha frecuencia nosotros no hacemos nuestra parte; entonces somos confundidos en cuanto al porqué parece que nuestras oraciones no fueron respondidas. Por ejemplo, una persona que necesita un empleo puede orar para que Dios le dé uno, pero aun así necesita salir y hacer la solicitud en varias empresas a fin de tener éxito. El mismo principio se aplica al perdón.

Deseo

El primer paso hacia perdonar a nuestros enemigos debe ser un fuerte deseo de hacerlo. El deseo nos motiva a pasar por cualquier cosa que tengamos que pasar a fin de llegar a nuestra meta. Una persona que necesite perder veinte kilos de peso no tendrá éxito a menos que su deseo sea muy fuerte. ¿Por qué? Porque necesitará el deseo para hacer que siga adelante cuando tenga hambre continuamente o tenga que decir no a alimentos altos en calorías mientras ve a otros comérselos. Tengo una amiga que recientemente perdió treinta kilos. Necesitó casi un año de disciplina continua para hacerlo, e incluso ahora tiene que disciplinarse diariamente para no regresar a los malos hábitos. ¿Qué le motiva? Le gustaría comer más de lo que come casi todos los días, pero su deseo de estar sana y mantenerse en un peso que es adecuado para ella es más fuerte que su deseo de comer.

Sé que no nos gusta afrontar esto, pero en realidad todos hacemos lo que queremos hacer si nuestro deseo de hacerlo es lo bastante fuerte. "No puedo" normalmente significa "No quiero". A ninguno de nosotros nos gusta asumir responsabilidad por las áreas problemáticas en nuestras vidas. Preferimos las excusas y la culpa, pero ninguna de esas cosas nos hará libres.

Cuando las personas llegan a la edad de la jubilación y han ahorrado suficiente dinero a lo largo de los años para tener una estabilidad financiera, se debe a que han tenido un deseo lo bastante fuerte para motivarles a disciplinarse. Tuvieron que decir "no" a algunas cosas que puede que quisieran a fin de ahorrar para el futuro.

El deseo fuerte producirá resultados en cada área de nuestras vidas, y vivir libres de amargura, resentimiento y falta de perdón no es la excepción. Si no tienes deseo alguno, entonces comienza pidiendo a Dios que te dé ese deseo porque es el fundamento de todo éxito.

Yo no tenía deseo alguno de perdonar a mi padre por haber abusado de mí hasta que comencé a estudiar la Palabra de Dios. Cuando lo hice, vi la importancia del perdón y que era la voluntad de Dios que yo lo hiciera. Entendí lo mucho que Dios me había perdonado y que lo que Él me pedía que hiciera no era diferente a lo que Él había hecho por mí. El poder en la Palabra de Dios hizo nacer en mí un deseo de ser obediente en esta área, y creo que hará lo mismo por ti. Si no tienes deseo alguno de perdonar a tus enemigos, entonces estudia todo lo que la Palabra de Dios tiene que decir al respecto, y creo que tu corazón será cambiado. Querrás perdonar, y cuando lo quieras, entonces puede comenzar el proceso.

Decidir

Después de que tengas el deseo de perdonar, entonces debes decidir hacerlo. La decisión no puede ser una decisión emocional, sino que debe ser lo que comúnmente se denomina una "decisión de calidad". Este tipo de decisión no cambia cuando los sentimientos cambian. Es una decisión firme que está determinada a hacer del perdón un estilo de vida. Esta decisión no necesariamente cambia el modo en que te sientes enseguida, y no significa que nunca batallarás con toda la idea de perdonar a las personas. Algunas personas puede que necesiten ser perdonadas una y otra vez y con frecuencia por lo mismo, y eso definitivamente no es algo fácil de hacer; es algo que debe hacerse a propósito sin tener en cuenta cómo nos sentimos.

Mi padre era un hombre muy duro en todas sus formas, y tristemente yo me volví muy parecida a él. Él era la última persona en el mundo a quien yo quería parecerme, pero en ciertos aspectos me parecía. Mis actos y mi tono de voz eran duros frecuentemente, y sé que Dave tuvo que perdonarme una y otra vez a lo largo de los años en que Dios estaba obrando en mí y suavizando mi duro y quebrantado corazón. Mi sanidad tomó tiempo y Dave tuvo que ser paciente, pero afortunadamente no tuvo que hacerlo por sí solo. Dios le dio gracia para soportar mis debilidades, y Él también te dará gracia para tratar con las personas en tu vida.

A veces tengo que tratar con personas en mi vida ahora que se comportan del mismo modo en que yo lo hacía antes, y tengo que recordarme a mí misma hacer por ellos lo que Dave hizo por mí. No es fácil, y con frecuencia no tengo ganas de hacerlo, pero he tomado una decisión de calidad de obedecer a Dios y no vivir enojada y amargada. El perdón es uno de los regalos más hermosos que Dios nos ofrece, y cuando estamos dispuestos a entregarlo a otros, añade belleza, paz, gozo y poder a nuestras propias vidas.

Dios nos enseña en su Palabra el modo correcto de vivir, pero nunca nos obligará a hacer lo que Él dice. Nos deja esa decisión a cada uno de nosotros. Hay muchas veces en mi vida en que realmente me gustaría poder hacer que personas a las que quiero hagan lo correcto, pero entonces recuerdo que Dios nos da a todos libre elección y que Él anhela que escojamos lo correcto de modo que podamos disfrutar de la vida que Jesús murió para que pudiéramos tener.

Cada vez que obedecemos a Dios, nos estamos haciendo un favor a nosotros mismos, porque todo lo que Él nos dice que hagamos es para nuestro beneficio. Me recuerdo a mí misma eso con frecuencia cuando lo que Él me está pidiendo que haga es difícil. Cada uno de nosotros debe tomar su propia decisión; nadie puede hacerlo por nosotros. Te insto encarecidamente a que tomes una decisión de calidad para perdonar. Cuando hayas hecho eso, entonces estarás preparado para pasar al siguiente paso en el perdón.

Depender

El siguiente paso en el proceso de perdonar a otros es depender del Espíritu Santo para que te ayude a hacer aquello con respecto a lo cual acabas de tomar una decisión de calidad. Solamente decidir no es suficiente; es vital pero sigue sin ser suficiente, porque solamente la fuerza de voluntad no funcionará. Necesitamos fortaleza divina del Espíritu de Dios que vive en nosotros y está siempre dispuesto a ayudarnos a hacer la voluntad de Dios.

En el reino de Dios, la independencia no es una característica atractiva, y no es una que funcione. Alentamos a nuestros hijos a crecer y ser independientes, pero cuanto más crecemos en Dios, o cuanto más maduros espiritualmente llegamos a ser, más dependientes hemos de ser de Él. Si pasamos por alto este punto en nuestro caminar con Dios, siempre estaremos frustrados. Dios no bendice lo que la Biblia denomina "las obras de la carne", que son el hombre intentando trabajar separado de Dios. Incluso si estamos trabajando duro para intentar hacer la voluntad de Dios, aun así debemos depender de Él para tener éxito. La Biblia nos alienta a reconocer a Dios en todos nuestros caminos (Proverbios 3:6). Eso significa que deberíamos invitarle a Él a todas nuestras actividades y decirle que sabemos que no tendremos éxito sin su ayuda.

Ya que los seres humanos tendemos a ser bastante independientes y realmente nos gusta hacer lo que queremos, esta actitud de dependencia no siempre se produce con facilidad.

La Biblia dice en Zacarías 4:6 que ganamos nuestras batallas
no por nuestra fuerza ni por nuestro poder, sino por el Espíritu
de Dios. Dios nos da gracia, que es poder para hacer lo que es
necesario hacer.

> Yo soy la vid y ustedes son las ramas. El que permanece
> en mí, como yo en él, dará mucho fruto; separados de mí
> no pueden ustedes hacer nada.
>
> *Juan 15:5*

Yo creo que Juan 15:5 es un versículo fundamental en la
Biblia. Muchas otras cosas dependen de que entendamos este
versículo, que nos dice que incluso si Dios me llama a hacer
algo o me manda hacer algo, aun así no puedo hacerlo a menos
que dependa de Él. Él quiere que demos buen fruto, que hagamos cosas buenas, pero no podemos a menos que nos apoye-
mos plenamente y completamente en Él. Perdonar rápidamente
a quienes nos ofenden es buen fruto y agrada a Dios, pero no
podemos hacerlo a menos que pidamos su ayuda y su fortaleza.

¿Estás frustrado porque estás intentando hacer cosas que
no están funcionando y sin embargo crees realmente que son
cosas piadosas que deberías hacer? Quizá tu problema sea una
actitud egoísta e independiente. ¿Por qué nos gusta hacer las
cosas nosotros mismos sin ninguna ayuda? Sencillamente porque nos gusta obtener el mérito y nos gusta sentirnos orgullo-
sos de nuestros logros, pero Dios quiere que le alabemos a Él

por todas nuestras victorias y le demos gracias porque Él nos permitió ser meramente un canal que Él utilizó.

Podemos querer hacer lo correcto y aun así no hacerlo una y otra vez. La Biblia dice que nuestro espíritu está dispuesto, pero nuestra carne es débil (Mateo 26:41). Es importante que aprendamos eso. Nos ayudará acudir a Dios en oración al comienzo de cada proyecto y pedir su ayuda. Nos ayudará a evitar esfuerzo desperdiciado y frustrantes fracasos. En nuestra oficina hemos grabado literalmente miles de programas de televisión, y sin embargo nunca comenzamos uno sin reunirnos y pedir a Dios que nos ayude. Necesité años para aprender que las obras de la carne no funcionan; lo único que funciona es la dependencia de Dios.

Recuerdo bien ir a la iglesia y escuchar un poderoso sermón sobre algo y sentir convicción en mi espíritu de que necesitaba cambiar. Entonces llegaba a casa e intentaba cambiar, y fracasaba cada vez. Eso me resultaba muy confuso hasta que finalmente entendí que estaba dejando a Dios fuera de mi plan. Yo había supuesto que como lo que yo intentaba era su voluntad, tendría éxito; pero tuve que aprender que nada tiene éxito si no dependo de Él para que lo haga funcionar y le doy la gloria por ello cuando así sea.

Creo que muchas personas que aman a Dios verdaderamente están frustradas la mayor parte del tiempo intentando ser un "buen cristiano" porque no entienden esta verdad. Yo desperdicié años "intentando" ser buena, pero sin apoyarme totalmente en Dios para que me diese capacidad para hacerlo. La Biblia está llena de escrituras sobre la importancia de depender de Dios y ejemplos de personas que fracasaron porque no lo hicieron y de aquellos que tuvieron éxito porque lo hicieron.

Isaías le dijo al pueblo que dejasen de poner su confianza en hombres débiles, frágiles y moribundos cuyo aliento está en su nariz durante un breve período de tiempo (Isaías 2:22). Dios quería que el pueblo dependiese de Él para que Él pudiera darles victoria. Lo que quería decir mediante el profeta Isaías era sencillamente: ¿por qué confiar en el hombre que está lleno de debilidades cuando pueden confiar en cambio en Dios?

El profeta Jeremías tuvo un mensaje similar para el pueblo al que ministraba. Él dijo que somos maldecidos cuando ponemos nuestra confianza en el frágil hombre y nos alejamos del Señor. Pero somos bendecidos cuando creemos, nos apoyamos y confiamos en Dios, y ponemos nuestra esperanza y confianza en Él (Jeremías 17:5, 7).

El apóstol Pablo escribió a los gálatas preguntándoles si creían que después de haber comenzado su vida espiritual con el Espíritu Santo, ahora pensaban que podían alcanzar la perfección dependiendo de la carne (Gálatas 3:3). La respuesta obvia es no, no podían. Pablo sabía que fracasarían incluso en la madurez espiritual si no seguían dependiendo del Espíritu Santo, y nosotros también fracasaremos en todo lo que intentemos hacer, incluyendo perdonar a nuestros enemigos, si no dependemos de Dios para obtener la fortaleza para hacerlo.

Por tanto, vemos que los tres primeros pasos para seguir el proceso de perdonar son: desear, decidir y depender. Cuando hayas dado estos tres, puedes pasar al siguiente.

Orar por tus enemigos

Dios nos dice que no sólo oremos por nuestros enemigos, sino que también los bendigamos y no los maldigamos. ¡Caramba! Parece bastante injusto, ¿no lo crees? ¿Quién querría orar para que sus enemigos fuesen bendecidos? Probablemente ninguno de nosotros lo haría si siguiéramos nuestros sentimientos en lugar de seguir la Palabra de Dios.

> Pero yo les digo: Amen a sus enemigos y oren por quienes los persiguen, para que sean hijos de su Padre que está en el cielo. Él hace que salga el sol sobre malos y buenos, y que llueva sobre justos e injustos.
>
> *Mateo 5:44–45*

Nada de esto significa que debamos convertirnos en un felpudo para que las personas lo pisen y que nunca las confrontemos con respecto a su mala conducta. Perdonar a nuestros enemigos tiene que ver con nuestra actitud del corazón hacia ellos y el modo en que les tratamos. Jesús nunca trató mal a nadie sólo porque ellos le maltratasen a Él. Él los confrontó en un espíritu de amabilidad y después siguió orando por ellos y amándolos.

No debemos devolver mal por mal o insulto por insulto (1 Pedro 3:9). (¡Ay!). En cambio, debemos orar por su bienestar, felicidad y protección, y verdaderamente sentir lástima por ellos y amarlos. Yo creo que esto, una vez más, nos muestra que deberíamos interesarnos más por lo que nuestros enemigos se están haciendo a sí mismos con las malas obras que por lo que nos están haciendo a nosotros. Nadie puede hacernos daño verdaderamente si obedecemos a Dios y ponemos nuestra confianza en Él. Puede que hieran nuestros sentimientos, pero Dios siempre está listo para sanarnos.

Ora para que las personas reciban revelación de Dios con respecto a su conducta, porque puede que sean engañadas y ni siquiera sean plenamente conscientes de lo que hacen. Bendice a tus enemigos hablando bien de ellos. Cubre su pecado y no lo repitas o caigas en la murmuración con respecto a ellos.

Yo creo que no orar por nuestros enemigos es uno de los factores clave en no seguir el proceso del perdón. Comenzamos con la intención de perdonar, pero si nos saltamos este paso vital que Dios nos ha mandado dar no tendremos éxito. Como la mayoría, yo he experimentado algunas heridas horribles a manos de personas que yo consideraba amigos, y admito que orar para que ellos fuesen bendecidos lo hice con frecuencia rechinando los dientes, pero creo que es lo correcto. Quien perdona tiene poder con Dios, y le está representando bien a Él.

¿Comenzarás a orar por tus enemigos hoy? ¿Practicarás este principio hasta que se convierta en tu primera y automática respuesta a la ofensa? Si lo haces, pondrás una sonrisa en el rostro de Dios y también en el tuyo. Cada vez que obedecemos a Dios, ¡nos estamos haciendo un favor a nosotros mismos!

El último paso en el proceso del perdón es entender cómo tus emociones responden a toda la idea de perdonar a otros. Para decirlo sencillamente: se desbocan. Las emociones sin duda alguna tienen mente propia, y si no son controladas, ellas nos controlarán. He escrito un libro titulado *Vive por encima de tus sentimientos*, y te recomiendo que lo leas para obtener perspectiva en cuanto a entender tus emociones.

Nuestras emociones nunca se irán por completo, pero debemos aprender a manejarlas. Debemos aprender a hacer lo correcto aunque no tengamos ganas de hacerlo. Yo he aprendido por experiencia que incluso si estoy enojada con Dave, puedo seguir hablándole y tratándole bien mientras estoy trabajando con Dios en el proceso de perdonarle. Ese descubrimiento fue estupendo para mí, porque desperdicié muchos años estando enojada durante días y dejando a Dave fuera de mi vida hasta que mis *sentimientos* ya no me dolieran. Nunca sabía cuánto tiempo tomaría eso; a veces era rápido si Dave se disculpaba rápidamente; pero cuando él no se disculpaba porque no creía o incluso no se daba cuenta de que había hecho algo equivocado, eran necesarios días y a veces semanas. Finalmente, cuando yo había recibido mi disculpa y me sentía mejor, entonces le trataba mejor. Eso ponía a mis sentimientos en control en lugar de a mí, y eso no es la voluntad de Dios para nosotros.

Una cosa es estar enojado cuando un cónyuge comete una pequeña ofensa y nos hace enojar, ¿pero y cuando se trata de *grandes* ofensas? ¿Hay algunas que sean demasiado horrendas para perdonar? Permite que comparta contigo dos historias, y entonces decide. Léelas y piensa en cómo habrías respondido tú en las situaciones.

Hace varios años, nuestra responsable principal ante los medios de comunicación para Joyce Meyer Ministries, Ginger Stache, atravesó un período muy difícil en su matrimonio. Ella y su esposo, Tim, estuvieron de acuerdo en compartir su historia en este libro porque realmente quieren ayudar a personas que han sido heridas. El corazón de Ginger es particularmente tierno hacia las mujeres que han sido heridas profundamente en sus matrimonios. A continuación está su historia con sus propias palabras:

*   *   *

Éramos novios en la universidad, llevábamos casados quince años y teníamos dos hermosas hijas. Él era mi mejor amigo y la vida era buena. Por tanto, cuando descubrí que mi esposo era adicto a la pornografía, mis ilusiones de quién era él y de nuestra relación se hicieron pedazos.

No éramos la feliz y amorosa pareja que yo pensaba que éramos. Éramos muy activos en nuestra iglesia; yo trabajaba en el ministerio, ¿pero era todo una fachada? Yo quedé devastada, traicionada.

Las emociones que sentía eran intensas, cambiando rápidamente del asombro y el asco a la tristeza. ¿Cómo podía el hombre con quien compartía mi vida, la persona en todo el mundo a la que yo pensaba que mejor conocía, hacer eso? ¿Cómo podía haber estado yo tan engañada? ¿Qué otra cosa era una mentira? Pero de la inundación de emociones, el enojo fue el que echó una raíz más profunda.

Yo estaba furiosa con él por llevar eso tan asqueroso a nuestro hogar y a nuestro matrimonio. Aunque algunos puede que no estén de acuerdo en que él fue infiel, para mí nunca fue una cuestión. Cuando yo creía que su corazón y sus pasiones eran mías, eran de otra persona; él estaba enfocado en imágenes de otras mujeres, fantasías de imaginada perfección que en realidad no existían. ¿Cómo podía yo competir? ¿Cómo podía perdonarle? ¿Por qué debería intentarlo?

Él también estaba destrozado. Lo oscuro que mantuvo oculto por tanto tiempo ahora estaba a la luz. Él estaba avergonzado, asustado y en cierto modo aliviado. Prometió hacer todo lo que fuese necesario para obtener ayuda, pero a mí no me importaba lo que decía. ¿Cómo podría volver a confiar en él? Yo era fuerte, y sin duda no el tipo de persona a quien se engaña dos veces. Descubrí que el lugar más seguro donde estar estaba asegurado en mi enojo, en negarme a perdonar; me protegería de volver a resultar herida.

Y mi enojo era razonable. Hay dos escuelas de pensamiento

en lo que se refiere a la pornografía. Algunos la consideran algo inofensivo, sin víctimas, nada por lo que molestarse. Otros la ven como demasiado despreciable para afrontarlo, un problema sólo para los pervertidos, y demasiado vil para que los cristianos lo aborden.

Cuando esto tan feo surgió en mi vida, yo sabía que ambas líneas de pensamiento eran equivocadas. *Yo* era una víctima y comencé a descubrir que muchas otras personas a las que conocía también lo eran. Muchos de los cristianos que pensaban que nunca tratarían asuntos tan viles sufrían en silencio. Yo no iba a mirar para otro lado, y sin duda no iba a quedarme callada.

Tenía decisiones que tomar. ¿Iba a sobrevivir nuestro matrimonio a eso? ¿Quería yo que así fuese? ¿Cómo afectaría eso a nuestras hijas? Ellas eran mi mayor preocupación.

Lo entendamos o no, no podemos aislar el enojo a una sola persona sin que se traslade y envenene el resto de la vida. Yo no podía permitir que mi dolor afectase a mi capacidad de ser una buena madre para mis hijas o que me alejase del llamado de Dios en mi vida.

Cristo fue siempre mi lugar de refugio, y tuve que estar calmada en mi furia durante el tiempo suficiente para permitirle a Él ser eso para mí. Le busqué en mi dolor, y su dirección fue clara. Lo que Él me estaba pidiendo era más importante que mi enojo o mi orgullo. Era la única respuesta. Me estaba pidiendo que perdonase.

Yo sabía que no tenía la capacidad en mí, pero perdonar a Tim era la semilla que debía plantar para que creciese la sanidad. Fue una decisión, no un sentimiento, y Dios prometió caminar conmigo en ello. Dios no me pedía que confiase en mi esposo; me pedía que confiase en Él. ¿Cómo podía yo negarme a mi Señor, que me ha perdonado tanto a mí?

Fue una decisión diaria y muy difícil, pero Dios es muy fiel incluso cuando nosotros no lo somos. Él nos guió a un consejero cristiano, un grupo de responsabilidad, y la semilla del perdón que yo planté fue creciendo lentamente hasta convertirse en una sanidad completa.

Ahora, más de diez años después, somos novios de la universidad, casados por más de veinticinco años y tenemos dos hermosas hijas que aman a Dios. Él es mi mejor amigo, y la vida es buena. Nuestro amor está lejos de ser perfecto, pero es más fuerte que nunca. Trabajamos duro para comunicarnos, confiar en Dios y perdonar diariamente.

*   *   *

Jonas Beiler se crió como la mayoría de niños Amish, con un amor por Dios y por la familia, una buena ética de trabajo y lo que muchos denominan hoy la marca de la comunidad Amish: un increíble entendimiento del poder del perdón.

Jonas dejó la comunidad Amish para seguir su sueño de ser el dueño de una tienda de mecánica. Como a menudo se cita de Jonas: "Amaba los caballos de potencia más que a los caballos". También se casó con su amorosa esposa, Anne. Ahora puede que conozcas mejor a Anne como "Auntie Anne", magnate de los pretzel blandos de fama mundial.

Jonas y Anne vivían una vida sencilla en la granja familiar de Anne, y eran muy felices. Jonas era mecánico, y Anne se mantenía ocupada educando a sus dos hijas pequeñas: Lawonna y Angie. Como los miembros fundadores de una próspera iglesia, la mayoría del tiempo libre de la pareja se empleaba trabajando hombro a hombro con el pastor, que también era el mejor amigo de Jonas. El pastor se apoyaba mucho en los Beiler en sus papeles como pastores de jóvenes; pero el contentamiento que ellos sentían durante aquellos tiempos estaba a punto de desvanecerse en la oscuridad de modo tan profundo y tan horrible que, según admiten Anne y Jonas, casi terminó con sus vidas.

Anne y Jonas se estaban alejando; cada uno de ellos sufriendo en silencio mientras lamentaban un trágico accidente: la pérdida de su hija Angie, de diecinueve meses de edad. Anne había llegado al punto de la desesperación total. El pastor de Jonas había estado orando con Anne un domingo con respecto a la depresión que ella sentía por la muerte de Angie. Después de la oración, él la invitó a que le llamase. Anne le dijo a Jonas lo que sucedió, y Jonas enseguida estuvo de acuerdo en que sería una buena idea que ella se reuniese con el pastor. Después de todo, Jonas sabía que él no podía ayudar a Anne, pero quizá su amigo podría hacerlo.

Desde el principio mismo, Anne pudo sentir que algo no era correcto en cuanto a sus reuniones con el pastor. Ella hizo una crónica de una de las reuniones en su libro *Twist of Faith* [El giro de la fe] con estas palabras: "Yo no podía creer lo bien que me sentía al hablar de Angie, del día en que murió, de cómo me sentía yo... Cuando llegó la hora de irme... el pastor me dio otro largo abrazo, pero esta vez cuando levanté la vista... él me besó... Finalmente se apartó y dijo: 'Es obvio para mí, Anne, que tienes necesidades en tu vida que Jonas no puede satisfacer; pero yo puedo satisfacerlas'. Mientras me dirigía apresuradamente hacia mi auto, una cosa parecía segura en mi mente: nunca podría decírselo a Jonas... él no me creería".

Guardar ese secreto demostraría ser un grave error. Sin que hubiese ninguna otra persona aparte del pastor hablando a la vida de Anne, ella era presa fácil de su manipulación. A lo largo de la aventura amorosa de seis años de duración, Jonas no cuestionó ni una sola vez la lealtad de su mejor amigo, o que hubiese tomado a su propia esposa para él.

Cuando Anne finalmente se libró de la relación, sabía que tendría que contarle a Jonas lo que había sucedido. Jonas dice: "Me quedé mirando a la pared cuando ella se fue... Descubrí que mi mente vagaba hacia algunos lugares oscuros... mi oración fue: 'Oh Dios, por favor no me permitas ver el amanecer de otro día'".

Al día siguiente, Jonas llamó a un consejero que había estado hablando en su iglesia y le contó lo que había sucedido. Esa llamada telefónica le situó en un sendero de perdón que no sólo sanaría a Jonas sino también a toda su familia. El consejero le dijo algo a Jonas que cambió su vida para siempre. Le dijo: "la única oportunidad que tienes de salvar tu matrimonio es si amas a tu esposa del modo en que Cristo te ama a ti".

Para algunas personas, esas palabras puede que no fuesen suficientes para calmar el enojo que provoca la traición; pero para Jonas fueron suficientes. Él atribuye su capacidad de comenzar el proceso del perdón a lo siguiente: "De algún modo, debido a mi profunda fe y la abundante tradición de fe en la cual fui educado, llegué más profundamente en mi alma que nunca antes y encontré que Dios me daba la gracia para hacer cosas que nunca pensé que fueran posibles... fue la única esperanza que yo tenía: descubrir cómo Cristo me amó para así poder amar a mi esposa de ese mismo modo".

Dios sí dio a Jonas un entendimiento de su amor. A cambio, Jonas fue capaz de mostrar ese amor a Anne, perdonándola con el perdón por el que Cristo murió para que todos lo tuviéramos. Sin embargo, como Jonas te dirá, la restauración de su matrimonio no sucedió de la noche a la mañana. Él dice: "En algún lugar en todo el dolor, la confusión y el desaliento, yo hice un compromiso... independientemente de cómo me sintiera, iba a hacer todo lo posible por continuar... Suena a una estupenda historia hoy porque tiene un final feliz. Pero... las inseguridades aún siguen apareciendo de vez en cuando. Recuperarse de algo así no significa que uno tendrá un matrimonio libre de dolor. Pero es posible la restauración. Siempre que tengo la oportunidad de presentar a mi esposa, me gusta presentarla como... mi mejor amiga, mi esposa, la madre de todos mis hijos y la abuela de todos mis nietos. Siempre ha sido mi sueño, cuando estábamos atravesando aquellos tiempos oscuros, que fuese capaz de decir eso.

"Mi sueño se hizo realidad debido al amor de Cristo".

*   *   *

Los individuos en estas dos historias se enfrentaron a situaciones devastadoras que desencadenaron comprensible sufrimiento y dolor. Ellos podrían haber tirado la toalla y haberse alejado de sus matrimonios, pero afortunadamente, por la gracia y la misericordia de Dios, estuvieron dispuestos a perdonar y fueron capaces de hacerlo. Sí, es increíble, ¡pero servimos a un Dios increíble! Podemos dar gracias a Dios porque Él nos ha dado las herramientas para vencer nuestras comprensibles respuestas emocionales al tipo de dolor del que acabamos de leer. Verdaderamente, todo es posible para Dios.

Si estamos controlados por nuestras emociones, Satanás tiene control sobre nosotros. Lo único que tiene que hacer es darnos un mal sentimiento, y nosotros nos comportaremos en consonancia. Seguramente podrás ver que eso nunca resultará.

Debemos aprender, sin duda alguna, a vivir por encima de nuestros sentimientos. Podemos perdonar a quienes nos han herido si estamos dispuestos a hacerlo. Podemos orar por nuestros enemigos tengamos ganas de hacerlo o no. Podemos hablar a las personas o abstenernos de hablar de modo desagradable sobre ellas. Podemos hacer la voluntad de Dios a pesar de cómo nos sintamos.

Nuestras emociones son una parte de nuestra alma, y pueden ser buenas y producir buenos sentimientos, pero también pueden hacer precisamente lo contrario. Pueden servir a Dios o a Satanás, y nosotros debemos tomar la decisión de a quién servirán. Cuando alguien hiere mis sentimientos y yo permito que esos sentimientos heridos controlen mi conducta, entonces estoy jugando precisamente en las manos de Satanás. Pero si hago lo que Dios manda independientemente de cómo me sienta, entonces estoy ejerciendo autoridad no solamente sobre mis sentimientos sino también sobre Satanás. He descubierto un estupendo sentimiento de poder y de satisfacción al ser rápida para perdonar y orar por las personas que me han herido. Sé que eso es lo correcto a pesar de cómo pueda sentirme yo, y hacer lo correcto siempre nos da satisfacción espiritual en lo profundo de nuestro ser.

Tus sentimientos no son el verdadero yo. Tu voluntad vigorizada por la voluntad de Dios es el "gran jefe" en tus decisiones, incluso cuando las emociones se mueven y fluctúan. Cuando se hunden, podemos permanecer estables. Si decidimos hacer lo correcto independientemente de cómo nos sintamos, nuestros sentimientos al final se pondrán de acuerdo con nuestra decisión. En otras palabras, no podemos esperar a sentirnos bien para hacer lo correcto; hacemos lo correcto y entonces los sentimientos llegarán después. Puede que sigan fluctuando, pero las emociones mejoran a medida que nosotros persistimos en ser obedientes a la voluntad de Dios. Mientras estés haciendo lo que Dios te haya pedido que hagas, puedes confiar en que Él sanará tus sentimientos heridos.

Un buen plan es no consultar con tus sentimientos en absoluto cuando estés tomando una decisión. Sé guiado por el Espíritu de Dios y por su sabiduría, y nunca solamente por el modo en que te sientes.

No podemos controlar lo que otras personas hacen y el modo en que deciden tratarnos, pero podemos controlar nuestra respuesta a ellos. No permitas que la conducta de otras personas te controle. No les permitas que te roben el gozo; recuerda que tu enojo no les cambiará a ellos, pero la oración sí puede hacerlo.

Cómo orar por tus enemigos

No hay modo de negar que es difícil incluso pensar en orar por alguien que te ha herido, ya sea un amigo, un extraño o un ser querido. Pero puede hacerse. No sólo eso, sino que puedo asegurarte que, como la mayoría de las cosas, se va volviendo más fácil con la práctica.

*　　*　　*

Therese era una dura trabajadora que había pasado décadas en el campo de las finanzas. Cuando tenía unos cuarenta años, fue reclutada por la principal empresa en la industria para un empleo de alto nivel que le ofrecía un estupendo salario y grandes beneficios. Ella había estado con su empresa durante veinte años y era muy respetada por sus jefes y sus colegas. Incluso en una economía inestable, ella estaba bastante segura de que su empleo actual era muy seguro. ¿Quería realmente arriesgar eso para aceptar un nuevo empleo en el que ella sería "la nueva"?

El director general de la empresa que le estaba ofreciendo el nuevo empleo, Steve, era un hombre para el que ella había trabajado años antes. Ella sabía que era un buen jefe y un hombre justo. Él le aseguró que él se aseguraría de que siempre la trataran con justicia. Después de mucha oración y meditación, Therese y su esposo decidieron que debería aceptar la oferta.

El nuevo empleo era maravilloso. Sus responsabilidades encajaban bien con sus talentos, y ella fue prosperando en la nueva empresa. Había una compañera que no era muy amable con ella, pero esa mujer, Jackie, no era amable con nadie. Su informe de personal estaba lleno de quejas de compañeros de trabajo y subordinados a los que ella había tratado mal, y todos sabían que ella era problemática, incluyendo al jefe. Therese hizo todo lo que pudo para llevarse bien con Jackie y no se preocupó.

A medida que pasaba el tiempo, la conducta de Jackie hacia Therese se volvió más mezquina y más insolente, y Therese comenzó a sospechar que Jackie no quería que ella estuviese en la empresa. Un día, en una reunión de empresa, Jackie humilló a Therese delante de toda una sala llena de vicepresidentes, y mintió acerca de un gran negocio que se había perdido culpando de todo el fiasco a Therese.

Dos días después, el jefe de Therese la llamó a su oficina y la despidió. Jackie le había contado a él la misma mentira, y él había aceptado sus palabras sin ni siquiera permitir que Therese hablase en su propia defensa. Therese no estaba segura de con quién estaba más enojada, si con Jackie o con Steve. A los cincuenta y un años de edad, Therese estaba sin empleo, y la industria no contrataba a gente.

Therese se fue a casa aquella noche devastada. Cuando llegó el momento de irse a la cama, su esposo oró en voz alta y después esperaron a que ella hiciera lo mismo, una práctica que repetían cada noche. Mientras oraba, Therese supo que debería orar por Jackie y por Steve; también supo que los odiaba en ese momento. En cuanto a ella, los dos le habían traicionado. Ahora ella se había quedado sin empleo, las vidas de ellos seguían como siempre, ¿y tenía ella que orar por *ellos*?

Oró: "Señor, sé que debo orar por mis enemigos, que serían Jackie y Steve, quienes han puesto nuestro futuro en peligro sin razón alguna. Estoy muy enojada con ellos, y te confieso que no quiero orar por ellos; pero tengo que hacerlo. Por favor, dales convicción con respecto a lo que me han hecho. En el nombre de Jesús, amén".

Therese me dijo que fueron necesarios un par de meses, pero cada noche ella oraba por Jackie y Steve, y sus oraciones comenzaron a cambiar. Poco después, ella comenzó a orar por sanidad para el asma de Jackie, que era muy grave. Entonces se encontró orando para que la actitud de Jackie hacia sus colegas y sus jefes fuese más suave; para que ella fuese más amable. Therese oró para que Steve encontrase un buen sustituto para ella, y para que a las personas que habían trabajado para ella les gustase su nuevo jefe. Oró por algunos de sus problemas personales que eran de conocimiento común.

Poco a poco, los sentimientos de Therese hacia Jackie y Steve comenzaron a cambiar. Ella me dijo que aunque el dolor que había sufrido a manos de ellos seguía ahí, le dolía menos a medida que pasaba el tiempo, y realmente se encontró orando para que Dios les bendijese, ¡y haciéndolo de verdad! Cuando Jackie fue despedida un par de años después, Therese lo lamentó de verdad por Jackie y se acercó a ella. Nadie se sorprendió más por la bondad de Therese que Therese misma. Pero Dios había obrado en ella, de forma lenta pero segura.

Por tanto, ¿cómo oras por tus enemigos? Tan sólo hazlo. Al principio no vas a tener ganas de hacerlo; pero al igual que Therese, experimentarás sanidad en tu propia alma si obedeces a Dios en lugar de obedecer a tus sentimientos.

CAPÍTULO
11

Encontrar la falta de perdón oculta

Recuerdo ir a la iglesia un martes en la noche hace aproximadamente veinticinco años y oír al pastor anunciar que iba a enseñar sobre nuestra necesidad de perdonar a quienes nos habían ofendido. Yo pensé con aires de suficiencia: "Yo no tengo ninguna falta de perdón". Me conformé con escuchar un sermón que estaba segura de que yo no necesitaba en realidad. Pero a medida que avanzaba la noche, me di cuenta de que sí tenía falta de perdón en mi corazón, pero que había estado oculta. Quizá una forma más precisa de describirlo sería decir que yo era quien me ocultaba de ello. Rara vez nos resulta cómodo afrontar nuestro pecado y llamarlo por su nombre. Podemos situar cosas tan lejos en nuestro interior que aunque nos afectan negativamente, no nos damos cuenta de que están presentes. Con frecuencia pensamos mejor de nosotros mismos de lo que debiéramos, e incluso podemos juzgar a otra persona por sus fracasos y a la vez negarnos a ver nuestro propio pecado.

Dios reveló dos situaciones concretas en mi vida aquella

noche y me mostró claramente que yo sí tenía una actitud de falta de perdón.

En la Biblia se nos relata una historia de dos hermanos que estaban ambos perdidos. Uno estaba perdido en su pecado, y el otro estaba perdido en su religión. Cada uno estaba separado de Dios de modo diferente. Normalmente llamamos a esta historia el relato del Hijo Pródigo, y el enfoque se sitúa normalmente en el hijo menor que demandó su herencia y enseguida se fue de casa para desperdiciar el dinero de su padre en un estilo de vida de pecado. Como la mayoría de pecadores hacen, terminó en una terrible confusión. Ya no tenía dinero; estaba trabajando para un ganadero que tenía cerdos y comía la misma comida que comían los cerdos. Al hacer inventario de su triste situación, decidió regresar a su padre y suplicar perdón y el favor de ser sólo un siervo en su casa (Lucas 15:11–21).

El padre, que representa a Dios en esta historia, se regocijó por el regreso de su hijo e hizo preparativos para una gran celebración en su honor. Sin embargo, el hijo mayor estaba bastante infeliz y decidido a no unirse a la fiesta. Sentía que él había vivido una vida moralmente recta, y le recordó a su padre todo el buen trabajo que él había hecho y que el padre nunca le había hecho una fiesta. Enseguida podemos ver que el hermano religiosamente recto no estaba contento por el regreso de su hermano menor y, de hecho, estaba resentido y enojado. Él estaba perdido en su propio fariseísmo. Estaba orgulloso de sus supuestas buenas obras y decidió que su hermano no se merecía el buen trato que estaba recibiendo. El hermano mayor no entendía que su actitud era aún peor que la mala conducta de su hermano menor.

Si alguien se hubiera acercado a él y le hubiera dicho: "Tienes falta de perdón en tu corazón", él no lo habría creído. Estaba cegado a su propio pecado por lo que él pensaba que era una conducta moralmente recta. De hecho, él había sido un buen muchacho y había seguido todas las reglas, pero Dios no se agradó porque su corazón no era recto. Si él hubiese tomado tiempo para examinar su actitud, habría entendido que él también necesitaba perdón.

Seis actitudes que revelan falta de perdón

La falta de perdón siempre lleva la cuenta

Recitando a su padre una lista de su conducta recta, el hermano mayor dijo: "Fíjate cuántos años te he servido". Él había contado sus buenas obras y sabía exactamente cuántos años de buena conducta tenía para mérito de él. Había llevado la cuenta, y nosotros tenemos la misma tendencia. Nos gusta llevar la cuenta de nuestra admirable conducta y una lista de los pecados de los demás. Nos comparamos, y en nuestro pensamiento nos situamos a nosotros mismos en una clase por encima de los demás. Jesús vino a destruir la distinción de clases. Si pecamos, nuestra ayuda está solamente en Él, y si hacemos el bien, sólo se debe a que Él nos ha capacitado para hacerlo. Él obtiene todo el mérito de cualquier cosa buena que nosotros hagamos. Nosotros no somos nada sin Él, y todo lo que somos es en Él, así que toda distinción de clases es destruida y todos somos uno en Cristo.

El hermano mayor contaba todas sus buenas obras y los pecados de su hermano menor. Esta es siempre una señal de que la falta de perdón está presente en nuestro corazón. Pedro preguntó a Jesús cuántas veces tenía que perdonar a su hermano (Mateo 18:21–22). Él obviamente estaba llevando la cuenta de ofensas. El amor no lleva la cuenta del mal que le han hecho (1 Corintios 13:5). Si queremos obedecer a Jesús y caminar en el tipo de amor que Él nos muestra, no debemos llevar la cuenta de las ofensas. Cuando perdonamos, debemos perdonar por completo, y eso significa que lo soltamos y ya no lo recordamos más. Podríamos recordarlo si lo intentásemos, pero no tenemos que hacerlo. Podemos perdonar, alejarnos de ello y no volver a pensar o hablar al respecto.

Hubo una época en que yo podría haber recopilado todo lo que Dave me había hecho para enojarme. Conocía todos sus fallos y, lo creas o no, yo era lo bastante altiva para orar regularmente para que él cambiase. Sí, ¡oraba por él y permanecía cegada a mi propia mala actitud! Ahora ni siquiera podría decirte lo último que Dave hizo que me enojó o me frustró. Me hice un favor a mí misma y dejé de llevar la cuenta de todas sus faltas. Ahora soy más feliz, y el diablo es infeliz porque ha perdido una fortaleza en mi vida.

Pregúntate en este mismo momento si estás llevando la cuenta de lo que otras personas te hacen y de lo que tú haces por ellas. Si es así, entonces te diriges hacia los problemas en tu relación y sí tienes falta de perdón en tu corazón de la que necesitas arrepentirte.

La falta de perdón presume de su buena conducta

El hermano mayor le dijo a su padre que él nunca había desobedecido los mandatos de su padre... estaba presumiendo de su buena conducta a la vez que hablaba en detalle de los pecados de su hermano. El juicio siempre dice: "Tú eres malo y yo soy bueno". La Biblia está llena de lecciones acerca de los peligros del juicio crítico hacia otras personas. Cosechamos lo que sembramos, y el modo en que juzgamos es siempre el modo en que seremos juzgados. Si sembramos misericordia, cosecharemos misericordia; pero si sembramos juicio, cosecharemos juicio (Mateo 5:7; 7:1–2).

El hermano mayor no tenía misericordia alguna, lo cual es normalmente el caso con las personas farisaicas. Jesús tuvo algunas cosas sorprendentemente sinceras que decirles a los fariseos religiosos de su época. Él les dijo que predicaban lo que era correcto hacer, pero ellos no lo practicaban; ellos hacían todas sus obras para ser vistos por los hombres. Eran fingidores (hipócritas) porque seguían toda la ley pero no levantaban un dedo para ayudar a nadie. Limpiaban el exterior de la copa mientras que el interior seguía estando sucio. En otras palabras, su conducta puede que fuese buena, pero sus corazones eran malvados (Mateo 23). Las personas farisaicas religiosamente pueden ser algunas de las personas más mezquinas del mundo. Jesús no murió por nosotros de modo que pudiéramos tener una religión, sino a fin de que pudiéramos tener una relación íntima con Dios por medio de Él. Una verdadera relación con Dios suaviza nuestros corazones y nos hace tiernos y misericordioso hacia los demás.

La noche en que yo estaba sentada en la iglesia pensando que no tenía falta de perdón en mi corazón, podría haberte dicho exactamente cuántas horas cada semana oraba y cuantos capítulos de la Biblia leía; sin embargo, no era consciente de una actitud del corazón que Dios desaprueba. Yo era la personificación del hermano mayor. Gracias a Dios porque Él me ha cambiado, pero siempre tomo tiempo para examinar mi corazón y asegurarme de no estar apropiándome el mérito por el bien que Dios hace por medio de mí. La Biblia dice que cuando hacemos cosas buenas no deberíamos dejar que nuestra mano izquierda sepa lo que ha hecho nuestra mano derecha. Eso significa que no necesitamos estar pensando al respecto. Permitimos que Dios nos use para su gloria y pasamos a lo siguiente que Él tenga para nosotros.

¿Comparas lo bueno que crees que eres con lo malas que son otras personas? ¿Haces afirmaciones como: "No puedo creer que hicieran eso. Yo nunca haría eso"? Si es así, entonces te diriges hacia los problemas. Cuanto más alto concepto tengas de ti mismo, en más baja estima tendrás a los demás. La verdadera humildad no piensa en sí misma en absoluto... no se enfoca en ella misma.

Si pensamos que somos mejores que los demás, siempre nos resultará difícil perdonarles; por tanto, humillémonos delante de Dios y borremos todo registro mental que tengamos de nuestras propias buenas obras.

La falta de perdón se queja

El hermano mayor le dijo a su padre: "y ni un cabrito me has dado para celebrar una fiesta con mis amigos" (Lucas 15:29).

Él tenía síndrome de mártir: "Yo hice todo el trabajo, mientras que los demás jugaban y se lo pasaban bien". Él probablemente era adicto al trabajo, y no sabía cómo divertirse y disfrutar de su vida; por tanto, estaba celoso de cualquiera que sí lo hiciera. Se quejaba, se quejaba, y se quejaba acerca de la manera en que le trataban.

La noche en que estaba sentada en la iglesia escuchando el sermón sobre la falta de perdón que yo pensaba que no necesitaba, Dios reveló que yo tenía falta de perdón hacia mi hijo mayor porque él no era tan espiritual como yo quería que fuese.

Si frecuentemente te quejas sobre un individuo concreto, hay una buena posibilidad de que tengas falta de perdón hacia él en tu corazón. Puede que sea alguna cosa concreta que esa persona te haya hecho, o podría ser sencillamente que su personalidad te irrita. En el caso de mi hijo, yo estaba enojada por sus decisiones y a la vez no recordaba que, a su edad, mis decisiones fueron incluso peores que las de él.

Perdona a las personas con las que estés enojado, encuentra algo positivo en lo que meditar y de lo que hablar, ora y observa a Dios obrar en ti y en las personas a las que quieres.

La falta de perdón aísla, divide y separa

El hermano mayor se refirió a su hermano como "ese hijo tuyo". No le llamó "mi hermano" porque había levantado un muro de separación en su corazón hacia él. Él se retiró y se negó a ir a la fiesta y celebrar con los demás; se separó no sólo de su hermano sino también de cualquiera que se estuviera alegrando juntamente con su hermano.

¿Has estado enojado con alguien y después te has enojado con otra persona que no estaba enojada también con esa persona? Ha habido veces en las que yo me he quejado con Dave acerca del modo desagradable en que alguien me ha tratado solamente para escucharle comenzar a defender a la otra persona. Él me recordaba que quizá esa persona hubiese tenido un mal día, y después hablaba de sus puntos buenos.

Él intentaba ayudarme a ver más de una sola parte de la situación; pero entonces yo me enojaba con él porque estaba defendiendo a la persona con la que yo estaba enojada. Mi enojo no sólo me dividía de la persona con la que estaba enojada, sino que también me dividía de cualquier otra persona a quien le cayese bien. Creo que las personas que están ofendidas y llenas de amargura viven vidas solitarias y separadas en la mayoría de los casos. Están tan ocupadas con su resentimiento que no tienen tiempo para ninguna otra cosa.

El hermano mayor no iba a ir a ninguna fiesta. Si lo hacía, podría divertirse, y prefería quejarse y sentirse desgraciado. Todo el tema de la tragedia de la falta de unidad es muy importante, e incluiré más al respecto en un capítulo posterior.

La falta de perdón sigue sacando a relucir la ofensa

Cuando tenemos falta de perdón, seguimos encontrando excusas para hablar de lo que las personas nos han hecho. Sacamos el tema en la conversación tan a menudo como podamos; se lo contamos a cualquiera que nos escuche. Esas conductas deberían ser una señal para nosotros de que estamos en desobediencia a Dios y que necesitamos buscar su ayuda enseguida para soltar la ofensa. Lo que hay en el corazón sale por la boca. Podemos aprender mucho sobre nuestro verdadero yo escuchándonos a nosotros mismos.

El hermano mayor le recordó al padre que él estaba siendo bueno con un hijo que no se lo merecía, y habló de todo su pecado (Lucas 15:30). Estaba enojado, y su conversación lo demostraba. Jesús dijo que cuando estamos enojados debemos soltarlo, y eso significa dejar de sacarlo a relucir. ¿Has pensado alguna vez que habías perdonado a alguien debido a una ofensa pero descubriste que la siguiente ocasión en que esa persona hizo cualquier cosa para irritarte enseguida sacaste a relucir la antigua ofensa? Todos hemos hecho eso. Significa que no hemos perdonado por completo y que necesitamos pedir ayuda a Dios.

La falta de perdón se molesta por las bendiciones que el ofensor disfruta

El hermano mayor estaba celoso y enojado, y le molestaba el que su padre bendijese a su hermano menor. No quería que el hermano pródigo tuviese una fiesta, el carnero gordo, una nueva túnica, sandalias y un hermoso anillo. Se ofendió profundamente.

El resentimiento por las bendiciones de otras personas revela mucho de nuestro propio carácter. Dios quiere que nos alegremos con quienes se alegran y lloremos con los que lloran. Quiere que confiemos en que Él hará lo que es correcto para cada persona. El hermano menor en nuestra historia había hecho mal, y en ese momento necesitaba perdón, aceptación y sanidad. Su padre puede que tuviese intención de hablar con él acerca de su mala conducta más adelante, pero en aquel momento él necesitaba amor; necesitaba ver una muestra de la bondad y la misericordia del padre. Dios siempre hace lo que es correcto para cada uno, y tiene sus propios motivos para hacer lo que hace, del modo en que lo hace. Solamente porque no estemos de acuerdo o pensemos que no es justo, eso no marca ninguna diferencia. Si mantenemos una actitud de resentimiento, seremos nosotros quienes suframos por ello.

Todos los demás fueron a la fiesta que el padre dio por el hermano menor; solamente el amargado hermano mayor se negó a disfrutar. Su mala actitud no le permitió disfrutar de la fiesta; lo que realmente necesitaba era hacerse un favor a sí mismo y perdonar.

Tan sólo para asegurar que no tengas ninguna falta de perdón oculta, repasa la lista de cosas que acabo de mencionar y hazlo con un corazón abierto. Pide a Dios que revele cualquier amargura, resentimiento, falta de perdón u ofensa que pudieras albergar. Comprueba los síntomas de la falta de perdón y, si tienes alguno, entonces acude al doctor Jesús para recibir sanidad.

CAPÍTULO
12

El poder y la bendición de la unidad

A lo largo de la Palabra de Dios se fomentan y se ordenan la unidad, el acuerdo y la armonía. La única manera en que pueden mantenerse es si estamos dispuestos a ser rápidos para perdonar y generosos en misericordia. El mundo actualmente está lleno de desacuerdo. Regularmente oímos de guerras, odio y revueltas en gobiernos, denominaciones de iglesias y organizaciones de negocios de todo tipo. Sin embargo, en medio de todo eso, Dios nos ofrece paz. Podemos escoger de qué modo queremos vivir.

¡Cuán bueno y cuán agradable es que los hermanos convivan en armonía!

Salmo 133:1

El salmista sigue diciendo que donde hay unidad, el Señor envía bendición y vida eterna. Dios honra a quienes hacen un esfuerzo por vivir en armonía. Jesús dijo que quienes son pacificadores y mantenedores de la paz son hijos de Dios. Eso significa que son espiritualmente maduros; viven por encima de sus sentimientos y están dispuestos a humillarse bajo la poderosa mano de Dios y obedecerle. Toman la iniciativa y son agresivos para mantener la unidad.

Piensa en la atmósfera en la que vives o trabajas. ¿Es pacífica? ¿Se llevan bien las personas? Si no es así, ¿qué estás haciendo al respecto? Puedes orar; puedes alentar a otros a que se lleven bien. Y, si alguna parte de la falta de armonía es culpa tuya, entonces puedes cambiar. Puedes dejar de discutir sobre cosas que en realidad no importan de todas formas; puede ser el primero en disculparte cuando tengas un desacuerdo con otra persona. Uno de los primeros buenos frutos que produce la sabiduría es la paz. Camina en sabiduría y tu vida será bendecida.

En cambio, la sabiduría que desciende del cielo es ante todo pura, y además pacífica, bondadosa, dócil, llena de compasión y de buenos frutos, imparcial y sincera.

Santiago 3:17

Escoger la unidad

Como ya he mencionado, hay problemas por todas partes, de modo que si queremos unidad y la paz que produce, entonces debemos escogerla a propósito. Debemos aprender los caminos de Dios y trabajar con su Espíritu Santo para promover la paz.

Cualquiera que esté casado sabe que con mayor frecuencia encontramos abundancia de cosas con las que estar en desacuerdo. Normalmente, nos casamos con alguien que es contrario a nosotros en personalidad, y eso significa que no pensamos de igual manera. Puede que tengamos desacuerdos, pero podemos aprender a estar en desacuerdo con respeto y amabilidad.

Dave y yo somos muy diferentes, y desperdiciamos muchos años discutiendo hasta que aprendimos los peligros de la pelea y el poder de la unidad. Hicimos un compromiso de tener paz en nuestra relación, nuestra casa y el ministerio. Creíamos firmemente que Dios no podía bendecirnos del modo en que deseaba mientras estuviéramos divididos. Probablemente hayas oído la frase: "Unidos permanecemos, divididos caemos", y es cierto. La Biblia dice que uno puede hacer huir a mil y dos pueden hacer huir a diez mil. Vemos en este pasaje que el poder se multiplica cuando escogemos vivir en acuerdo.

Yo era la fuente de la mayoría de nuestras peleas. Dave siempre ha sido una persona pacífica, y no le gusta el estrés que se crea cuando discutimos y permanecemos enojados. Yo me crié en una casa donde no había unidad, y tuve que aprender lo que era la paz. Estudié la Palabra de Dios y quise aprender lo que necesitaba cambiar a fin de tener paz. Descubrí que no hay paz sin humildad. La humildad es la principal virtud que hay que buscar y probablemente la más difícil de obtener y mantener.

Una persona verdaderamente humilde evitará la conversación vacía (vana, inútil, ociosa), porque nos conducirá cada vez a mayor impiedad. Esa persona cierra su mente contra las controversias ridículas o las preguntas ignorantes, porque sabe que fomentan y alimentan la pelea.

¿Puedes recordar la última vez que tuviste una pelea con alguien por alguna cosa que era muy pequeña y realmente ridícula? Quizá estabas teniendo un mal día y dijiste algo que deberías haberte guardado, y eso comenzó una pelea. Podrías haberte disculpado rápidamente, pero tu orgullo te hizo continuar la necia conversación, intentando demostrar que eras tú quien tenías razón. Desperdiciaste tu día, terminaste estresado, con dolor de cabeza, con un nudo en tu estómago y sin deseo alguno de orar. En tu corazón sabías que te habías comportado mal, y parte de ti quería decir: "Lo siento de verdad, esto fue culpa mía y te pido que me perdones". Pero otra parte de ti, tu carne, hizo que obstinadamente te negases a hacerlo.

Yo recuerdo, sin duda, muchas ocasiones parecidas, pero afortunadamente ya no vivo de esa manera. Aborrezco la pelea, los problemas, la falta de armonía y el desacuerdo. Tener la razón no es todo lo que parece ser. Con frecuencia nos peleamos con otros por el único propósito de demostrar que tenemos la razón en un desacuerdo, pero incluso si la tenemos, ¿hemos obtenido realmente algo más que un sentimiento de suficiencia y de orgullo? Creo que nos iría mucho mejor si nos humillásemos y permitiésemos que Dios fuese quien nos reivindique. Él puede demostrar que tenemos razón en una situación si ese es su mejor plan. La Palabra de Dios afirma que el amor no insiste en su propios derechos (1 Corintios 13:5). ¡Ni siquiera insiste en su derecho a tener razón! ¿Estás dispuesto a permitir que otra persona piense que tiene razón incluso si tú no crees que la tiene, en lugar de comenzar una pelea al respecto? Si lo estás, entonces estás un paso más cerca de ser un pacificador y alguien que mantiene la unidad.

Recientemente estaba yo en un viaje con otros once de mis familiares que incluían a Dave, dos de nuestros hijos, sus cónyuges y varios nietos, algunos de ellos adolescentes. Todos estábamos alojados en la misma casa y tuvimos oportunidades para la falta de unidad y los sentimientos heridos. No todos queríamos hacer lo mismo, o ver lo mismo en la televisión, jugar al mismo juego o comer en el mismo lugar. Los adolescentes con frecuencia pueden tener actitudes que son muy frustrantes, y entonces tenemos que recordar que cuando éramos adolescentes, nosotros no nos comportábamos mejor de lo que ellos se comportan ahora.

Lo que quiero decir es que aunque todos nosotros en ese viaje éramos cristianos que intentamos obedecer a Dios y vivir en paz, tuvimos que trabajar en ello, al igual que tendrás que hacerlo tú si tu deseo es la unidad. Es imposible mantener una atmósfera pacífica en la situación que acabo de describir a menos que todos estén dispuestos a humillarse y ser generosos en misericordia y perdón. Dios sabía muy bien lo que estaba haciendo cuando nos enseñó en su Palabra que seamos rápidos para perdonar. Satanás está acechando e intentando crear problemas, pero Dios nos ha dado maneras de derrotarle. Sé generoso en misericordia, sé paciente, comprensivo, reconoce tus propios pecados, y eso te ayudará a no ser rápido para juzgar a otros y a perdonar rápidamente y completamente de modo que no caigas en la trampa de Satanás de la pelea.

Las relaciones son muy importantes para todos nosotros. Las malas son atormentadoras, pero las buenas relaciones están entre las cosas más beneficiosas y bendecidas del mundo. Satanás busca destruir las relaciones porque conoce el poder de la unidad; él utiliza las diferencias en nuestras personalidades contra nosotros. Él causa que saquemos fuera de contexto las cosas que nos dicen, fomenta los sentimientos heridos, el enojo y una actitud rebelde que se niega a perdonar. Pero nosotros tenemos autoridad sobre Satanás, y podemos resistirle a él y todas sus tácticas para causar división en nuestras relaciones en el hogar, la escuela, el trabajo, la iglesia o dondequiera que estemos.

Pregúntate cuál es el beneficio de la agitación. ¿Hace algún bien o cambia la situación? La mayoría del tiempo las peleas sencillamente nos hacen sentirnos desgraciados y no hacen ningún bien. Tomemos la decisión de trabajar por la paz y establecer la paz. No puedes resolver toda la agitación que hay en el mundo, pero cada uno puede ser responsable de su propia vida y relaciones. Comienza a orar y preguntar a Dios lo que tú podrías cambiar para promover más paz en tu vida.

Ser adaptable

La mayoría de nosotros queremos salirnos con la muestra en las cosas, pero para tener unidad debemos aprender a ser ajustables y adaptables. Considera los siguientes versículos:

> Vivan en armonía los unos con los otros. No sean arrogantes, sino háganse solidarios con los humildes. No se crean los únicos que saben. No paguen a nadie mal por mal. Procuren hacer lo bueno delante de todos. Si es posible, y en cuanto dependa de ustedes, vivan en paz con todos.
>
> *Romanos 12:16–18*

Un examen cuidadoso de estos versículos enseguida nos muestra que no podemos vivir en armonía los unos con los otros si nuestra actitud no es correcta. Necesitamos una actitud humilde, que esté dispuesta a adaptarse y ajustarse a otras personas y situaciones. Siempre deberíamos defender lo que creemos que es correcto, pero en asuntos de poca importancia y en los que podemos adaptarnos a los demás, deberíamos hacer un esfuerzo por hacerlo.

No es bueno para nadie salirse siempre con la suya. Necesitamos la experiencia de someternos los unos a los otros en humildad y amor. Todos necesitamos ceder a favor de otros y preferirlos a ellos y sus deseos a veces, y necesitamos hacer eso con una buena actitud.

Durante la mayor parte de nuestra vida de casados, Dave siempre me permitía escoger dónde comer cuando comíamos fuera. Al ser una persona calmada y despreocupada, no le importaba mucho, pero a mí sí, y me sigue importando. En los últimos años, por alguna razón él se ha vuelto muy delicado en cuanto a dónde come y lo que come, y de repente no parece querer comer donde yo quiero la mayoría de las veces. Ha decidido que no le gusta el ajo, y la comida italiana es mi favorita, así que estoy segura de que puedes ver el problema que se está cociendo. También me gusta la comida china, y aunque él está dispuesto a comerla algunas veces, no puede tener grasa ni dejar regusto. Yo puedo ver la escritura en la pared, por así decirlo, y sé que voy a necesitar adaptarme. Siempre he sido delicada en cuanto a dónde comer, así que supongo que le toca a él ser delicado si quiere.

Admitiré que esto ha sido un poco difícil para mí. Siempre que las cosas se hacen a nuestra manera en algo durante mucho tiempo, es difícil cuando de repente las cosas cambian; pero me he recordado a mí misma que Dave me ha dejado escoger dónde comer durante cuarenta y cuatro años, así que realmente es su turno. A veces podemos manejarnos para ser adaptables con más facilidad si no respondemos emocionalmente y tomamos el tiempo para razonar un poco con nosotros mismos.

La escritura anterior nos dice que no nos estimemos en exceso a nosotros mismos. Nunca deberíamos pensar que lo que nosotros queremos es más importante que lo que otros quieren. Todos tenemos igual valor e iguales derechos; tener eso en mente nos ayuda a adaptarnos a los deseos de otros.

Aumentar el poder en tu oración

La oración es el mayor privilegio que tenemos, y que abre la puerta a un tremendo poder y bendición en nuestras vidas y en las vidas de los demás. Dios escucha y responde nuestras oraciones, pero Él nos dice que debemos orar sin enojo y en acuerdo.

> Quiero, pues, que en todas partes los hombres levanten las manos al cielo con pureza de corazón, sin enojos ni contiendas.
>
> *1 Timoteo 2:8*

Esta escritura dice claramente que debemos orar sin enojo. En el capítulo 11 de Marcos se nos dice que, cuando oremos, antes debemos perdonar a cualquiera con quien tengamos algo en contra. Es otro versículo que verifica que no podemos orar con un corazón lleno de enojo y pelea y esperar que nuestras oraciones obtengan respuestas.

Hay muchas, muchas personas enojadas en el mundo en la actualidad, y una gran proporción de ellas son cristianas que saben lo que tienen que hacer. Oran y creen erróneamente que su enojo no importa. Puede que se sientan justificadas en su enojo, pero Dios lo condena y dice que debemos soltarlo antes de orar. La mejor manera de acercarte a Dios en oración es arrepentirte primero de todos tus pecados y después asegurarte de no tener falta de perdón en tu corazón hacia ninguna otra persona. ¿Cómo podemos esperar que Dios nos perdone si nos negamos a perdonar a otra persona? Estoy segura de que nuestras ofensas contra Dios son mucho más graves que las de otras personas hacia nosotros.

Un esposo y esposa o una unidad familiar tienen un tremendo poder en oración si hacen el compromiso de vivir en acuerdo.

Además les digo que si dos de ustedes en la tierra se ponen de acuerdo sobre cualquier cosa que pidan, les será concedida por mi Padre que está en el cielo.

Mateo 18:19

Esta escritura es verdaderamente sorprendente, y si alguno de nosotros cree realmente lo que dice, entonces sin duda debería hacer un compromiso a vivir en unidad y armonía. Nuestro necio orgullo no vale la pena el precio que pagamos en pérdida de poder en oración.

En una época en mi vida, yo pensaba inicialmente que podía discutir con Dave en cualquier momento que quisiera y después, cuando necesitábamos una victoria en alguna área de nuestra vida, podríamos reunirnos y orar lo que comúnmente se denomina "la oración de acuerdo". Pero como podemos ver en Mateo 18:19, ese tipo de oración no funcionará. El tipo de poder del que Dios está hablando sólo está disponible para quienes hacen el compromiso a hacer todo lo posible por hacer y mantener la paz. Si cualquiera hace eso, Dios se agrada tanto que honrará sus oraciones de manera especial. Fue justamente después de este versículo cuando Pedro preguntó a Jesús cuántas veces tenía que perdonar a su hermano. Pedro quería tener este tipo de poder en oración, pero parece que reconocía que tenía un problema con uno o algunos de los demás discípulos. Él estaba preguntando hasta dónde esperaba Jesús que él llegase para mantener la paz. La respuesta de Jesús fue esencialmente que Pedro necesitaba perdonar tantas veces como fuese necesario para permanecer en unidad.

Pedro se acercó a Jesús y le preguntó: —Señor, ¿cuántas veces tengo que perdonar a mi hermano que peca contra mí? ¿Hasta siete veces?

Mateo 18:21

Estoy segura de que Pedro pensaba que estaba siendo muy generoso, así que la respuesta de Jesús debió de haber sido sorprendente para él.

—No te digo que hasta siete veces, sino hasta setenta y siete veces —le contestó Jesús—.

Mateo 18:22

Eso supone cuatrocientas noventa veces, pero incluso eso es el modo de Jesús de decir: "Perdona con tanta frecuencia como debas y no le pongas límites".

La oración es un regalo demasiado precioso y un privilegio demasiado poderoso para que la estropeemos viviendo en desacuerdo. Toma tiempo antes de orar para examinar tu corazón, y si necesitas arreglar las cosas con cualquier persona que sepas, sé el agresor a la hora de producir la paz.

La Palabra de Dios incluso nos dice que cuando llevemos nuestra ofrenda al altar, si recordamos que nuestro hermano tiene algo contra nosotros, deberíamos dejar nuestra ofrenda e ir y hacer la paz con nuestro hermano (Mateo 5:24). Esto ciertamente nos enseña a ser el agresor a la hora de establecer la paz.

Poder en el servicio

Hay un gran poder a nuestra disposición cuando entregamos nuestras vidas para servir a Dios. Jesús envió a los discípulos de dos en dos y les dijo que predicasen el evangelio y sanasen a los enfermos; también les dijo que encontrasen una casa donde quedarse y que pudieran habitar en paz (Lucas 10:1–9). Él sabía que ellos no podrían tener agitación en su espíritu y que el poder de Él fluyera por medio de ellos al mismo tiempo. La promesa que Él les dio sin duda valdría la pena cualquier esfuerzo que ellos tuvieran que hacer para permanecer en armonía.

> Sí, les he dado autoridad a ustedes para pisotear serpientes y escorpiones y vencer todo el poder del enemigo; nada les podrá hacer daño.
>
> *Lucas 10:19*

Yo quiero que esta promesa sea una realidad en mi propia vida, y estoy segura de que tú también lo quieres; por tanto, hagamos el compromiso a permanecer en unidad, armonía y acuerdo. Eso no significa que siempre debamos pensar como otras personas o incluso estar de acuerdo con sus decisiones, pero sí significa que estamos de acuerdo en no pelear al respecto. Una gran parte de las peleas pueden evitarse si nosotros sencillamente nos ocupamos de nuestros propios asuntos. Algo bueno para recordar es que si no tenemos ninguna responsabilidad en algún asunto, entonces no necesitamos tener una opinión.

Con bastante frecuencia damos nuestra opinión cuando nadie nos la ha pedido ni la quiere, y eso se convierte en la fuente de una discusión o de una ofensa. Yo soy el tipo de persona que podría ser muy libre con mis opiniones, pero le he pedido al Espíritu Santo que me ayude a poner en práctica la sabiduría para guardármelas para mí a menos que me las pidan. Aún no he llegado al lugar de la perfección en esta área, pero estoy continuamente aprendiendo lo importante que es.

El apóstol Pablo escribió una carta a la iglesia filipense en la cual alentó a dos mujeres llamadas Evodia y Síntique a llevarse bien. Incluso alentó a otras personas a ayudar a aquellas dos mujeres a que se llevasen bien y siguieran cooperando a medida que se esforzaban en difundir el evangelio (Filipenses 4:2–3). No sabemos exactamente cuál era su pelea, pero quizá parte de su problema fuesen las opiniones excesivas acerca de las decisiones de la otra. Pablo debió de haber escuchado que aquellas dos mujeres tenían dificultades para llevarse bien, y sabiendo que eso debilitaría el poder de su ministerio, él tomó tiempo para escribir una carta en la cual incluyó instrucciones especiales para ellas con respecto a este asunto. Lo que Pablo escribió a las dos mujeres también está escrito para nosotros. Si queremos tener poder en el servicio a Dios, debemos llevarnos bien los unos con los otros. ¡Debemos tener unidad!

El apóstol Pablo al escribir a los filipenses dijo:

Llénenme de alegría teniendo un mismo parecer, un mismo amor, unidos en alma y pensamiento.

Filipenses 2:2

Todos los hombres y mujeres verdaderamente grandes de los que leemos en la Biblia estaban comprometidos con la unidad. Sabían que su servicio a Dios no tendría poder sin ella. En los primeros tiempos de nuestro ministerio, Dave y yo recibimos revelación de Dios con respecto a los peligros de la pelea. La pelea no es sólo un pequeño problema, sino que es peligrosa. Si no se detiene, se difunde como si fuera una enfermedad contagiosa. Yo aborrezco las peleas y lo que hacen en las vidas de las personas, y trabajo con diligencia para mantenerlas fuera de mi vida.

> Busquen la paz con todos, y la santidad, sin la cual nadie verá al Señor. Asegúrense de que nadie deje de alcanzar la gracia de Dios; de que ninguna raíz amarga brote y cause dificultades y corrompa a muchos.
>
> *Hebreos 12:14–15*

Esta escritura nos enseña que debemos esforzarnos (trabajar con diligencia) para mantener la pelea fuera de nuestras vidas. Como he dicho, eso requerirá mucha humildad y disposición a ser agresivos con respecto a ser pacificadores. Significa que debemos renunciar a nuestro derecho a tener razón, ocuparnos de nuestros propios asuntos y con bastante frecuencia necesitaremos refrenarnos de decir algo que nos gustaría decir pero que solamente va a causar problemas.

He pasado una buena cantidad de tiempo enseñando sobre este tema al igual que sobre otros que fomentarán la unidad entre las personas. La vida es desgraciada cuando no tenemos paz, y lo cierto es que cuando no tenemos paz, entonces no tenemos poder.

Deberíamos ayudarnos los unos a los otros para mantener fuera la pelea. Tenemos un pastor en nuestra plantilla que tiene muchos dones maravillosos, pero una de las cosas en las que es especialmente bueno es en la "resolución de conflictos". Si tenemos un departamento o incluso dos empleados que han permitido que las peleas entren en su relación, él trabaja con ellos y les ayuda a encontrar una solución a sus peleas y su falta de unidad. Sabemos que nuestro servicio para el Señor se verá debilitado si no tenemos unidad.

Con bastante frecuencia descubrimos que las peleas vienen de una falta de comunicación adecuada. Muchas relaciones son destruidas debido a eso, y es triste porque podemos aprender buenas capacidades de comunicación si realmente queremos hacerlo. Nuestro pastor ayuda a las personas en conflicto a comunicarse, y eso casi siempre resuelve el problema. Si no resuelve el problema y descubrimos que una o ambas partes implicadas están decididas a avivar la pelea, entonces sabemos que Joyce Meyer Ministries no es el lugar correcto para que ellos trabajen. Debemos tener unidad para poder ser eficaces para Dios.

Dos hombres de los que leemos en la Biblia, Abraham y Lot, tuvieron conflicto entre sus pastores por los derechos de pasto para su ganado. Abraham, al ser un hombre muy sabio, enseguida acudió a Lot y dijo: "Que no haya pelea entre nosotros". Entonces le ofreció a Lot cualquier parte del terreno que él quisiera y dijo que estaba dispuesto a quedarse con el resto. Vemos a Abraham humillándose a sí mismo en esta situación y cerrando la puerta para una futura falta de unidad. Lot escogió la mejor parte de la tierra para él mismo, pero Dios bendijo a Abraham incluso más que antes debido a su disposición a mantener la paz (Génesis 13).

Yo he utilizado esta historia como un recordatorio para ayudarme a mantener la pelea fuera de mi vida, y la utilizo frecuentemente en la enseñanza. Si te humillas y mantienes fuera de tu vida la pelea, Dios te bendecirá tremendamente y tendrás poder en la oración y el servicio, y también disfrutarás de paz.

Quiero concluir este capítulo con un recordatorio final de que el único modo en que podemos permanecer en unidad es si somos generosos en misericordia y perdón. Dios nos ha dado una llave para la paz al enseñarnos a perdonar a quienes nos han hecho daño, y podemos confiar en que Él producirá justicia y reivindicación en nuestras vidas en cualquier momento que sea necesario. Nuestra parte es perdonar y la parte de Él es hacer justicia. Tú haz tu trabajo, y deja a Dios hacer el suyo.

Esfuércense por mantener la unidad del Espíritu mediante el vínculo de la paz.

Efesios 4:3

CAPÍTULO
13

Ten misericordia de mí, oh Dios

Perdonar a otros sus ofensas es mucho más fácil cuando somos verdaderamente conscientes de nuestros propios pecados y errores. Dios nunca nos pide que hagamos por otra persona lo que Él no haya hecho primero por nosotros. Dios nos muestra perdón antes de comenzar a enseñarnos sobre nuestra necesidad de perdonar a los demás. Dios quiere tener una relación con nosotros, quiere tener unidad y armonía con nosotros; por tanto, Él debe perdonarnos.

El perdón está precedido por la gran misericordia y gracia de Dios. La misericordia es realmente uno de los atributos más hermosos de Dios. La misericordia es algo estupendo y de lo que deberíamos maravillarnos. Aquí en la tierra más o menos la esperamos, pero creo que en el cielo los ángeles se sorprenden por la misericordia de Dios. El escritor cristiano y ministro Andrew Murray dijo: "La omnisciencia de Dios es una maravilla, la omnipotencia de Dios es una maravilla, la santidad sin mancha de Dios es una maravilla, pero la mayor maravilla de todas es la misericordia de Dios".

Dios perdona completamente y restaura la comunión con

Él mismo del más desgraciado de los pecadores. Él es bueno con quienes no lo merecen en absoluto. Si pudiéramos entender cuántas veces en un día Dios nos perdona por algo que hemos pensado, dicho o hecho, no nos resultaría una tarea tan difícil perdonar a otros que hayan pecado contra nosotros. Deberíamos levantar nuestras voces a Dios muchas veces cada día y decir: "Ten misericordia de mí, oh Dios, y ayúdame a tener misericordia de otros".

Dios nunca nos pide que hagamos nada sin equiparnos para hacerlo; nunca nos pide que demos a otra persona lo que Él no nos haya dado primero a nosotros. Él nos da amor incondicional y nos pide que amemos a los demás incondicionalmente. Él nos da misericordia y nos dice que seamos misericordiosos. Él nos perdona y nos pide que perdonemos a los demás. ¿Es demasiado pedir? Yo no lo creo.

La Biblia nos enseña que a quien mucho se le perdona, mucho se le pide (Lucas 12:48). Dios da mucho y, por tanto, tiene derecho a esperar mucho de nosotros. Toma algún tiempo y recuerda tu vida, intentando traer a tu memoria lo mucho que Dios ha estado dispuesto a perdonarte. ¿Has sido culpable de cometer el mismo pecado muchas veces? ¿Ha obrado Dios en su misericordia por medio de ti y te ha perdonado continuamente hasta que aprendiste a hacer lo correcto? Desde luego que la respuesta es sí. Es sí para cada uno de nosotros.

¿Qué ha hecho Dios por nosotros en Cristo?

Mediante el sacrificio de Jesucristo, Dios nos ha atraído a Él mismo y nos ha sacado de la oscuridad a la luz. Él nos encuentra en nuestro pecado y desgracia y nos ofrece una vida totalmente nueva. Si sencillamente le decimos "sí" a Él, Él nos perdona completamente todos nuestros pecados y nos sitúa en una relación correcta con Él por su gracia y misericordia. Él no sólo perdona nuestros pecados, sino que los lleva tan lejos como está el oriente del occidente y no los recuerda más (Hebreos 10:17; Salmo 103:12). Él nos saca del pozo de la desesperación y da significado a nuestras vidas (Santiago 4:10), y la sorprendente belleza es que no nos merecemos nada de eso. No hemos hecho nada que sea digno de la gracia de Dios, ni tampoco podremos hacer nunca nada digno de ella. El perdón es sin duda alguna un regalo. Es un regalo que recibimos y que debemos estar dispuestos a entregar. No es solamente un regalo que entregamos a otros, sino que también es verdaderamente un regalo que nos hacemos a nosotros mismos. Cuando perdonamos a otra persona, nos entregamos a nosotros mismos paz mental, energía renovada y tiempo para hacer cosas constructivas en lugar de preocuparnos y rumiar, sólo por nombrar algunas cosas.

Misericordia es bondad que va más allá de lo razonable. En otras palabras, no hay razón alguna que pueda encontrarse para la bondad de Dios. Él es bueno, y somos los benditos receptores de su bondad.

Dios en Cristo nos ha redimido, justificado, santificado, y está siempre en el proceso de restaurarnos. Seamos siempre agradecidos por la misericordia de Dios. Yo necesito misericordia hoy y cada día. Estoy maravillada por la gran misericordia de Dios, y mi maravilla se extiende a medida que tomo tiempo para pensar realmente en lo que Dios ha hecho por mí.

¿Estás batallando en este momento con el asunto de perdonar a alguien que te ha ofendido o te ha herido? Si es así, me gustaría sugerir que tomes tan sólo quince minutos y pienses seriamente en lo mucho que Dios te ha perdonado. Creo que eso te humillará, y entonces te resultará fácil perdonar a las personas que te hayan ofendido.

Amigo mío, ¡por favor, perdona! No pases ni un día más de tu vida amargado y enojado por algo que ha sucedido y que no puede deshacerse. No vivas tu vida marcha atrás. Pide a Dios que estés mejorado, no amargado. Confía en que Él sacará cosas buenas de cualquier cosa injusta que te haya sucedido. Recuerda: tu parte es obedecer a Dios y perdonar, y la parte de Él es restaurar y producir reivindicación. No desperdicies ni un sólo precioso día más de tu vida con un espíritu de falta de perdón. Pide a Dios que produzca en ti la misma actitud que Él tiene... una actitud misericordiosa y perdonadora.

Jesús no es duro y difícil. Él es misericordioso, lento para la ira, dispuesto a perdonar y dispuesto a ayudar (Mateo 11:28–30). Jesús nos enseña que Él desea misericordia y no sacrificio (Mateo 12:7). Podemos ver esta escritura desde dos perspectivas. En primer lugar, podemos ver que Dios quiere darnos misericordia y que no está interesado en nuestros sacrificios. Jesús es el único y definitivo sacrificio final que será necesario nunca. Nuestros sacrificios son inútiles bajo el nuevo pacto. Solamente podemos acudir a Jesús y pedir misericordia cuando pecamos, y Él está siempre dispuesto a darla. Me gusta la idea de que Dios esté listo para perdonar. No tenemos que esperar a que Él se prepare, no tenemos que convencerle para que lo haga... Él está listo para perdonar. Él ya ha tomado su decisión de ser siempre misericordioso y perdonador, y nosotros podemos hacer lo mismo. Podemos fijar nuestra mente de antemano en que cuando lleguen ofensas a nuestro camino, ¡estemos listos para perdonar!

La segunda perspectiva que podemos tener de esta escritura es que Dios quiere que mostremos a los demás misericordia y no requiere sacrificios de ellos. La gloria del hombre es pasar por alto la ofensa (Proverbios 19:11). Tenemos el privilegio de pasar por alto las cosas que otros han hecho para hacernos daño, pues Dios nos ha equipado para hacerlo. Las ofensas llegarán, pero tenemos que aceptarlo.

Cuando alguien nos haga daño, podemos intentar hacer que pague haciéndole sentirse mal o hablando continuamente del asunto; podemos apartarle de nuestras vidas y negarnos a hablar con esa persona. Esa es nuestra manera humana que requiere sacrificios por parte de los demás para que paguen por sus pecados contra nosotros. Pero tenemos otra opción. Podemos ser misericordiosos.

¿Qué espera Dios de nosotros?

Dios conoce cada pecado que cometeremos antes de que lo cometamos. Él sabe cómo somos, que no somos sino polvo, y Él no espera que nunca cometamos errores. Fue un gran consuelo para mí cuando Dios habló a mi corazón y dijo: "Joyce, tú no eres ninguna sorpresa para mí". Dios nunca se sorprende por nuestras pruebas, y Él tiene nuestra liberación planeada antes de que incluso llegue el problema. Dios nunca se sorprende por nuestros errores y nuestros caminos carnales. Él ya ha decidido ser misericordioso. Lo que Dios sí espera es que nosotros le amemos y queramos hacer su voluntad. Él quiere que seamos rápidos para arrepentirnos y trabajar con el Espíritu Santo hacia la madurez espiritual. Él no está enojado si no hemos llegado, pero sí espera encontrarnos prosiguiendo hacia la meta de la perfección.

El apóstol Pablo dijo que su meta era dejar lo que quedaba atrás y proseguir hacia la meta de la perfección (Filipenses 3:13).

Tan sólo imagina que Pablo, que recibió y escribió dos terceras partes del Nuevo Testamento, seguía prosiguiendo. Yo estoy muy contenta de que Dios incluyese este ejemplo en la Biblia, pues me alienta a saber que Dios me conoce íntimamente y entiende que yo soy un ser humano nacido pecador cuyo corazón ha sido renovado pero cuya alma y cuerpo aún tienen que ponerse a la altura de la gran obra que Él ha hecho en mi espíritu.

Lo cierto es que Dios no espera que nosotros no cometamos nunca errores. Si fuésemos capaces de vivir sin pecado, no necesitaríamos a Jesús; pero le necesitamos cada momento de cada día. Él actualmente está sentado a la diestra de Dios intercediendo por nosotros (Romanos 8:34). Él continuamente perdona nuestros pecados si nosotros los admitimos y nos arrepentimos (1 Juan 1:9). Dios definitivamente ha hecho provisión para nuestras faltas, y por su gran misericordia es que podemos permanecer en comunión y relación con Él aunque aún no estamos perfeccionados en toda nuestra conducta.

¿Qué esperas de las personas?

Deberíamos esperar mostrar misericordia a los demás, pues ellos no son perfectos y cometerán errores. Nos harán daño y nos defraudarán, pero la verdad es que nosotros les hacemos a ellos lo mismo. Normalmente no somos conscientes de lo que hacemos para ofender a los demás, pero somos muy conscientes de lo que los demás hacen para ofendernos.

Yo no soy perfecta, así que ¿por qué debería esperar perfección por parte de aquellos con quienes tengo una relación? Creo verdaderamente que nuestras imperfecciones son el motivo por el cual Dios nos ha dicho que seamos rápidos para perdonar. Él ha hecho provisión para todos nuestros errores perdonándonos y dándonos la capacidad de perdonar a los demás si estamos dispuestos a hacerlo. Dave y yo llevamos casados cuarenta y cuatro años mientras escribo este libro. Nos hemos perdonado el uno al otro miles de veces durante esos años, y necesitaremos perdonarnos una y otra vez a medida que pase el resto de nuestros años juntos.

Hemos aprendido a mostrarnos misericordia el uno al otro al ni siquiera mencionar con frecuencia algo que el otro haya hecho y que nos irrita. Podemos pasar por alto los fallos mutuos y no tenerlos en cuenta. Creo que esta es una idea hermosa: "Podemos permitirnos el uno al otro cometer errores".

Siempre humildes y amables, pacientes, tolerantes unos con otros en amor.

Efesios 4:2

Hace años que Dave y yo dejamos de presionarnos el uno al otro para no tener tacha. Entendimos lo mucho que Dios tiene que mostrarnos misericordia, y decidimos hacer lo mismo el uno por el otro. Ser indulgentes el uno con el otro nos ha ayudado a tener un matrimonio bueno y duradero. Haz un examen de corazón. ¿Presionas a tu cónyuge, familiar o amigos para que sean perfectos o para que te traten perfectamente? ¿Eres duro, difícil y demandante? ¿Eres indulgente con las debilidades de las personas? ¿Eres generoso en misericordia? Estas son buenas preguntas para que todos nos las planteemos ocasionalmente. Respóndelas sinceramente, y si tu actitud no es como la de Jesús, entonces pídele que te ayude a cambiarla.

Debemos renovar nuestra mente y nuestra actitud diariamente.

No siempre tenemos una buena actitud de modo automático. A veces permitimos que se cuelen cosas y tenemos que renovar nuestro compromiso a hacer las cosas a la manera de Dios. Si estás en ese punto en este momento, no hay nada de lo que avergonzarse. Regocíjate de que, con la ayuda de Dios, estás viendo verdad que te hará libre.

¿Qué esperaba Jesús de sus discípulos?

Jesús escogió a propósito a hombres débiles y necios con los que trabajar, de modo que ellos no pudieran apropiarse de la gloria que siempre le pertenece sólo a Dios. Pedro hablaba demasiado y era muy orgulloso; negó incluso conocer a Jesús tres veces cuando se sintió presionado, pero Jesús le mostró misericordia y bondad. Él le perdonó, y Pedro llegó a ser un gran apóstol.

Tomás dudaba mucho de lo que Jesús decía, pero Él mostró a Tomás misericordia y siguió trabajando con él. Incluso tuvo un encuentro con Tomás en medio de su duda y su incredulidad y le mostró sus manos con las cicatrices de los clavos después de su resurrección. Tomás había dicho que no creería a menos que viera, y Jesús le mostró lo que necesitaba ver en lugar de rechazarle por su actitud de duda.

Los discípulos a veces mostraban una conducta ridícula para un grupo de hombres que estaban viajando con Jesús. Discutían por quién de ellos sería el mayor; se quedaron dormidos cuando Jesús los necesitaba y les había pedido que orasen con Él durante una hora.

Ellos eran imperfectos, pero Jesús sabía eso cuando los escogió. Él oró toda la noche antes de escoger a los doce hombres que llevarían el evangelio al mundo entonces conocido después de su muerte y resurrección. Tan sólo imagina: doce hombres imperfectos que con frecuencia tenían falta de sabiduría, dudaban, mostraban orgullo, discutían entre ellos y querían saber cuántas veces tenían que perdonarse los unos a los otros. A mí me resulta muy parecido a nosotros mismos.

Aprender a recibir misericordia

Al igual que yo, estoy segura de que sabes que tú eres muy imperfecto y que necesitas mucha misericordia. Dios está listo para dar misericordia, ¿pero sabes cómo recibirla? Puede que pidamos a Dios que nos perdone nuestros pecados, ¿pero recibimos su perdón al perdonarnos a nosotros mismos? ¿Recuerdas muchos pecados del pasado contra ti mismo? Yo lo hice durante años, y debido a ello era incapaz de mostrar misericordia a los demás. Como digo frecuentemente: "No podemos dar lo que no tenemos".

¿Has recibido misericordia? A medida que lees este libro, ¿hay cosas por las que te sigues sintiendo culpable aunque te hayas arrepentido sinceramente? ¿Has tomado tiempo para pedir a Dios misericordia, e igualmente importante, has tomado tiempo para recibir misericordia de Dios? La misericordia es un regalo, pero un regalo no tiene valor para nosotros a menos que lo recibamos. Jesús dijo: "Pidan y recibirán, para que su alegría sea completa" (Juan 16:24). ¿Estás pidiendo mucho pero recibes muy poco? Si es así, es momento de cambiar. Dios ha hecho todo lo que hay que hacer por nosotros en Cristo. Ahora nos corresponde a nosotros recibirlo por la fe. No por nuestros méritos, sino sólo por la fe.

Cuando aprendamos a recibir la inmensa misericordia de Dios, podremos darla a los demás.

Las características de una actitud misericordiosa

La misericordia entiende

Jesús es un Sumo Sacerdote misericordioso que entiende nuestras debilidades y enfermedades porque Él ha sido tentado de la misma manera que nosotros, pero sin embargo Él nunca pecó (Hebreos 4:15). Me encanta el hecho de que Jesús me entienda. Ya que cada uno de nosotros tiene sus propias debilidades, también deberíamos ser capaces de entender cuando otras personas cometen errores y necesitan misericordia y perdón. Tener un corazón comprensivo es una de las hermosas características de la misericordia. La próxima vez que alguien te trate mal, intenta ser comprensivo. Quizá esa persona se sienta enferma o haya tenido un mal día en el trabajo. La conducta ofensiva sin duda no es correcta, pero recuerda que las palabras amables apartan la ira. La bondad tiene el poder de disipar el enojo porque el bien siempre vence al mal (Romanos 12:21).

Dave fue muy comprensivo conmigo durante los años en que yo me estaba recuperando de los efectos del abuso sexual en mi niñez. Si él no me hubiese mostrado misericordia, probablemente no seguiríamos estando casados en la actualidad y puede que ambos nos hubiéramos perdido el gran plan de Dios para nuestras vidas. ¿Hay alguien en tu vida en este momento a quien puedas intentar entender un poco más? Pide a esa persona que te cuente su historia. Normalmente, cuando las personas se comportan de manera disfuncionales, se debe a que algo en su vida les ha hecho daño y nunca se han recuperado.

Cuanto más conocemos sobre el trasfondo de las personas, más fácil es entender cualquier conducta que ellas muestran y que pudiera ser menos que deseable.

La misericordia no saca a la luz las faltas de las personas
Una persona que no es controlada por el Espíritu Santo normalmente tiene una morbosa alegría al difundir malas noticias y especialmente decir las cosas equivocadas que otras personas han hecho. La Palabra de Dios afirma que el amor cubre multitud de pecados (1 Pedro 4:8).

El odio es motivo de disensiones, pero el amor cubre todas las faltas.

Proverbios 10:12

Cada proverbio en la Biblia es un punto de sabiduría que hará que nuestras vidas sean mejores si le prestamos atención. Este proverbio confirma lo que Pedro dijo en el Nuevo Testamento acerca de cubrir los pecados en lugar de sacarlos a la luz.

Cuando José finalmente tuvo la oportunidad de tratar con sus hermanos con respecto al cruel trato que le habían dado, lo hizo en privado (Génesis 45:1). Pidió a todos los demás que salieran de la habitación cuando llegaron sus hermanos, porque no quería que nadie supiera lo que ellos le habían hecho. Él no sólo estaba listo para perdonarles por completo, sino que mantuvo el pecado de ellos en secreto para que otras personas pudieran respetarles. No quería que ellos se sintieran avergonzados. Estas increíbles características de carácter que José tenía ayudan a revelarnos el motivo por el que Dios pudo utilizarle de manera tan poderosa. Si verdaderamente queremos ser usados por Dios, debemos tener una actitud misericordiosa.

Cuando tengamos algo contra alguien que nos haya ofendido, deberíamos acudir a esa persona en privado para hablar de ello (Mateo 18:15). Si esa persona se niega a escuchar, entonces se nos dice que llevemos a otros con nosotros para hablar con ella con la esperanza de verla restaurada a un adecuado tono de mente y de corazón.

Haz con los demás lo que te gustaría que los demás hicieran contigo. Si has hecho algo equivocado, ¿querrías que las personas difundan la noticia o que se la guardasen para ellos mismos? Ya conozco la respuesta porque sé lo que yo querría. Yo querría que mis pecados fuesen cubiertos, y estoy segura de que tú también.

La misericordia no juzga

Es fácil juzgar y tener opiniones críticas acerca de personas que cometen errores, pero eso no es sabio. Somos llamados por Dios a ayudar a las personas y no a juzgarlas. Como mencioné anteriormente en este libro, podemos juzgar el pecado tal como es, pero no deberíamos juzgar a los individuos, porque no conocemos sus corazones o lo que pueden haber pasado en sus vidas.

¡La misericordia es mayor que el juicio!

> Porque habrá un juicio sin compasión para el que actúe sin compasión. ¡La compasión triunfa en el juicio!
>
> *Santiago 2:13*

Es humano juzgar, pero es piadoso mostrar misericordia. Pide a Dios que te ayude a desarrollar una actitud misericordiosa y busca las características de la misericordia en tu vida. Juzgar significa establecerse uno mismo como Dios. Solamente Dios tiene derecho a juzgar a las personas porque solamente Él es quien conoce todos los hechos. Yo no quiero ser culpable de intentar ser Dios en la vida de otra persona, y por eso intento verdaderamente evitar juzgar a los demás. Sin duda, no siempre yo fui así. Yo fui muy crítica durante mucho tiempo, pero la buena noticia es que todos podemos cambiar con la ayuda de Dios.

La misericordia cree lo mejor

El amor siempre cree lo mejor de cada persona, y la misericordia es una característica del amor. La misericordia no dicta sentencia sin un juicio justo. La misericordia quiere conocer la verdad, y no sólo lo que se dice. Yo aborrezco cuando la gente me dice algo malo sobre otra persona, especialmente si es meramente murmuración y no un hecho demostrado. Tengo que trabajar más para creer lo mejor después de oír lo peor. Siempre deberíamos creer lo mejor a menos que una acusación contra alguien se haya demostrado.

Sé que yo he sido públicamente acusada de cosas que no hice, y de verdad agradecí a las personas que decían: "No creo que Joyce hiciera eso". No agradecí a las personas que tomaron lo que oían, le añadían algo, y pasaban feos rumores a otras personas.

Somos mucho más felices si creemos lo mejor en lugar de tener sospechas y ser rápidos para creer todo lo malo que oímos acerca de otra persona.

La misericordia es para todos

He observado que me resulta más fácil mostrar misericordia a las personas que quiero y con las que tengo una buena relación. Es más difícil cuando no me importa en particular la persona con la que necesito ser misericordiosa. Sin embargo, la verdadera misericordia es misericordiosa con todos. Una actitud misericordiosa no es algo que encendemos y apagamos, sino que es parte de nuestro carácter... es quiénes somos. Nunca decimos "Yo hago misericordia", sino que decimos "Soy misericordioso".

La igualdad es importante para Dios. Él no hace acepción de

personas, y quiere que nosotros tampoco lo hagamos. Todas las personas son igualmente importantes para Dios; son sus hijos, y Él muestra misericordia a todos. Como sus representantes en la tierra, deberíamos esforzarnos por hacer lo mismo. No te comportes según cómo te "sientes" hacia una persona, sino sé misericordioso y eso enriquecerá tu propia vida.

En la Biblia vemos una historia a la que se hace referencia comúnmente como la historia del buen samaritano. Habla de un hombre que se detuvo para ayudar a otro hombre que había sido herido y estaba tirado a un lado del camino. No era nadie a quien él conociese, pero utilizó su tiempo y su dinero para ayudar a un extraño (Lucas 10:27–37). Verdaderamente, el hombre misericordioso muestra misericordia a todos, no sólo a los que conoce, a quienes le caen bien y a quienes quiere impresionar. Este "buen samaritano" era un hombre estupendo a los ojos de Dios sencillamente porque observó, se detuvo y mostró misericordia aquel día a un hombre que nunca antes había visto y que probablemente nunca volvería a ver. Le costó al buen samaritano tiempo y dinero ayudar al hombre herido; él no obtuvo nada material a cambio de sus actos, pero aún así hizo lo correcto. Siempre que hacemos lo correcto, nos produce paz interior y cosechamos una recompensa a su debido tiempo. Intenta ayudar a más personas. Muéstrales la misericordia y la bondad inmerecida de Dios. Estoy segura de que todos estaríamos de acuerdo en que el mundo necesita más "buenos samaritanos", así que permitamos que comience con nosotros.

CAPÍTULO
14

Aligera tu carga

Recientemente vi una película en la cual un hombre cargaba con un secreto que, si lo contaba, sacaría a otro hombre de la cárcel donde estaba cumpliendo cadena perpetua por un delito que no había cometido. Sin embargo, si él contaba el secreto, bien podría causarle muchos problemas porque había una orden de arresto contra él. Él preguntaba por qué debería dar el paso y ponerse a él mismo en peligro a fin de liberar a otro hombre que no significaba nada para él. El abogado que le estaba alentando a que dijese la verdad le dijo: "Porque si dices la verdad, puedes quitarte un peso de encima, y será una pesada carga menos que tendrás que llevar en toda tu vida". Básicamente le estaba diciendo: "Hazte un favor a ti mismo y haz lo correcto".

Continuamente tomamos decisiones en la vida con respecto al modo en que responderemos a circunstancias en nuestra propia vida. Dios nos ruega en su Palabra que tomemos las decisiones correctas, pero aun así sigue dejando que nosotros decidamos. Perdonar o no perdonar a aquellos a quienes clasificaríamos como nuestros enemigos es una de esas decisiones que frecuentemente afrontamos en la vida. Si tomamos la decisión correcta aligeramos nuestra carga, pero si tomamos la decisión equivocada en realidad nos cargamos y nos atormentamos a nosotros mismos.

> Entonces el señor mandó llamar al siervo. "¡Siervo malvado! —le increpó—. Te perdoné toda aquella deuda porque me lo suplicaste. ¿No debías tú también haberte compadecido de tu compañero, así como yo me compadecí de ti?". Y enojado, su señor lo entregó a los carceleros para que lo torturaran hasta que pagara todo lo que debía. Así también mi Padre celestial los tratará a ustedes, a menos que cada uno perdone de corazón a su hermano.
>
> *Mateo 18:32–35*

Este capítulo en la Biblia es uno en el que Pedro le preguntó a Jesús cuántas veces tenía que perdonar a su hermano cuando pecase contra él. Jesús le contó a Pedro una historia sobre un hombre que debía al rey una cantidad de dinero que supondría un total de diez mil dólares en la actualidad. El rey quería saldar cuentas, pero el hombre no podía pagar y pidió misericordia. El corazón del rey fue movido a compasión, y le perdonó (canceló) la deuda. El mismo hombre que acababa de ser perdonado se encontró con otra persona que le debía unos veinte dólares, y le puso las manos alrededor de su cuello demandando que le pagase.

El hombre que le debía se arrodilló y comenzó a suplicarle misericordia, pero en lugar de perdonarle como él había sido perdonado, el hombre a quien el rey había perdonado metió en la cárcel a su deudor. Cuando su amo vio su conducta, le recordó la misericordia que él había recibido y le dijo que sería torturado debido a su falta de disposición a perdonar.

Esta historia que Jesús contó merece nuestro estudio diligente. Resume todo lo que estoy intentando decir en este libro. Dios nos perdona mucho más de lo que cualquiera podría debernos a nosotros, y debemos aprender a ser tan misericordiosos y perdonadores como Él es. Nunca deberíamos intentar hacer a nadie "pagar" por lo que haya hecho para hacernos daño. Él pagó nuestras deudas y nos perdona libremente, y espera que hagamos lo mismo con los demás. Si no lo hacemos, entonces seremos torturados en nuestra alma tal como Jesús dijo en el capítulo 18 de Mateo. Podemos aligerar nuestra carga haciendo lo correcto y perdonando.

Ralph Waldo Emerson dijo: "Por cada minuto que estás enojado pierdes sesenta segundos de felicidad". Es un hecho que perdemos nuestro gozo al aferrarnos a nuestro enojo, y puedo decirte por experiencia en mi propia vida que no vale la pena. Marco Aurelio dijo: "Cuánto más gravosas son las consecuencias del enojo que las causas de él". Puede que inicialmente nos sintamos enojados por algún incidente bastante pequeño, pero si alimentamos esa chispa de enojo con pensamientos negativos sobre el individuo que nos hizo enojar, las consecuencias del enojo definitivamente parecerán más gravosas que lo que inicialmente lo causó. Quizá debiéramos vivir según el proverbio chino que dice: "Si eres paciente en un momento de enojo, escaparás a cien días de tristeza".

A lo largo de los siglos, grandes hombres y mujeres han experimentado el tormento de la falta de perdón y el gozo del perdón. A continuación hay algunas de las cosas que ellos han dicho:

"Nunca hubo un hombre enojado que creyese que su enojo era injusto". S. Francisco de Sales

"Considera cuánto más sufres con frecuencia por tu enojo y tu tristeza que por las cosas por las cuales estás enojado y entristecido". Marco Antonio

"El enojo, si no se refrena, frecuentemente es más doloroso para nosotros que la herida que lo provoca". Séneca

"Todo lo que comenzó con enojo, termina con vergüenza". Benjamin Franklin

"Las personas que salen volando con ira siempre realizan un mal aterrizaje". Will Rogers

"El perdón no cambia el pasado, pero sí extiende el futuro". Paul Boese

"El matrimonio es tres partes de amor y siete partes de perdón". Lao Tzu

"Perdonar es la forma más elevada y hermosa de amor. A cambio, recibirás incontable paz y felicidad". Robert Mueller

"Sabrás que el perdón ha comenzado cuando recuerdes a quienes te han herido y sientas la capacidad de desearles el bien". Lewis B. Smedes

El enojo está en ascenso

Las estadísticas sobre el enojo son un fuerte recordatorio de que hay una gran cantidad. Casi una tercera parte de las personas que fueron encuestadas sobre el tema (32%) dicen que tienen un amigo íntimo o familiar que tiene problemas para controlar su enojo. Uno de cada cinco (20%) dice que ha puesto fin a una relación o amistad con alguien debido al modo en que esa persona se comportaba cuando estaba enojada. Si eres una persona enojada, sería sabio darte cuenta de que las personas a las que amas puede que no siempre estén dispuestas a estar a tu lado y soportar tu mal humor. Tristemente, con frecuencia desahogamos nuestro mal humor con las personas a quienes más queremos. Supongo que lo hacemos porque pensamos erróneamente que ellas sencillamente seguirán perdonándonos y entendiéndonos, pero eso puede que no dure para siempre. Todo el mundo tiene sus límites, y cuando se les empuja por encima de ellos, el daño es con frecuencia irreparable.

Algunas de las cosas por las cuales las personas se enojan en la actualidad son realmente ridículas. Las personas se enojan tanto con sus teléfonos celulares cuando no funcionan adecuadamente que puede que los lancen al otro lado de la habitación o a un charco de agua. Puedo recordar cuando teníamos que encontrar una cabina telefónica de pago al lado de la carretera si queríamos hacer una llamada mientras íbamos conduciendo. Teníamos que estacionarnos, bajar del auto y tener el cambio exacto. Si el tiempo era caluroso o frío, teníamos que soportar la incomodidad. No pensábamos nada al respecto, porque eso era sencillamente lo que uno hacía si quería hacer una llamada mientras viajaba. Ahora nos enojamos si vamos conduciendo y pasamos por una zona donde no hay cobertura telefónica y tenemos que esperar dos minutos para llegar a otro lugar y poder hacer nuestra llamada.

Ahora tenemos "enojo en carretera", "enojo en la red" y "enojo en la oficina". Lo que Jesús llamaba conducta poco piadosa ahora lo llamamos enfermedad emocional que requiere consejería. ¿Estamos meramente poniendo excusas para la falta de dominio propio? ¿Nos hemos vuelto tan totalmente egoístas que realmente creemos que todo en la vida debería ser exactamente del modo en que nosotros queremos que sea todo el tiempo?

Muchas personas están enojadas porque son infelices, y no son felices porque están enojadas. Se convierte en un círculo vicioso de cada vez más enojo, y yo creo verdaderamente que la única respuesta es una mentalidad correcta (bíblica) y una disposición a perdonar las cosas y a las personas en la vida que nos desagradan.

Según la revista *Sunday Times Magazine* del 16 de julio de 2006, el 45 por ciento de las personas regularmente pierde los estribos en el trabajo. ¡Están enojadas con las personas! Las personas con quienes trabajan, las personas para las que trabajan, y las personas que establecen las reglas en el trabajo. Si eres una persona enojada, no es difícil encontrar algo o alguien con quien estar enojado.

Aproximadamente el 64 por ciento de los británicos que trabajan en una oficina han tenido enojo en la oficina. Estos problemas parecen existir mucho más o quizá incluso exclusivamente en países prósperos y acomodados. Yo he estado en las partes más pobres de India y África varias veces. Una persona en India que es bendecida lo suficiente para tener un trabajo, con frecuencia trabaja por menos de un dólar al día. Puede que una mujer trabaje calladamente día tras día al calor del sol barriendo las calles para los tenderos, y definitivamente no tiene "enojo de barrendero". Me parece que cuanto más tenemos, más enojados nos volvemos. Hace cuarenta años yo no tenía ninguna tentación de enojarme con mi teléfono celular o mi computadora porque no tenía ni una cosa ni la otra. La vida no era tan estresante y las personas no estaban tan enojadas en aquellos tiempos. ¿Hemos hecho progreso en realidad?

Supongo que en ciertos aspectos así ha sido, pero en otros hemos retrocedido miserablemente.

De los actuales usuarios de la Internet, el 71 por ciento admite haber sufrido enojo en la red, y el 50 por ciento de nosotros hemos reaccionado a problemas de la computadora golpeando nuestra PC, lanzando alguna de sus partes, gritando o abusando de nuestros colegas. Si no fuese tan triste, sería material para una comedia de humor. Al menos el 33 por ciento de los británicos no se llevan bien con sus vecinos, y estoy segura de que el porcentaje no es menor en Estados Unidos y otras partes supuestamente civilizadas del mundo.

Más del 80 por ciento de los conductores dicen que han estado implicados en incidentes de enojo en la carretera; el 25 por ciento ha cometido un acto de enojo en la carretera. Uno ni se atreve a cometer un error mientras conduce, como no poner un intermitente al cambiar de carril o interponerse accidentalmente en el carril de otro auto. Es probable que alguien muestre enojo porque ha experimentado incomodidad debido a otro conductor imperfecto.

El mundo es lo que es, y según van las cosas, no es probable que cambie para mejor, pero no nos quedamos sin respuesta para los problemas que afrontamos. Incluso si el mundo no cambia, nosotros podemos cambiar. Cada uno de nosotros puede asumir responsabilidad del modo en que responde a los estímulos externos, y podemos escoger vivir una vida de paz y armonía. Puede que tengamos que perdonar cien veces cada día, pero sigue siendo mejor que hervir en el interior de enojo o expresar nuestro enojo de maneras que terminan avergonzándonos.

No vayas allí

Entren por la puerta estrecha. Porque es ancha la puerta
y espacioso el camino que conduce a la destrucción,
y muchos entran por ella. Pero estrecha es la puerta y
angosto el camino que conduce a la vida, y son pocos los
que la encuentran.

Mateo 7:13–14

Podemos ver por esta escritura que hay dos caminos que
podemos tomar en la vida. Uno de los caminos es espacioso y
fácil para caminar. Tiene mucho espacio para todas nuestras
emociones, y nunca estaremos solos porque ese es el camino por
el que más personas transitan. En este camino espacioso tenemos espacio para todo nuestro enojo, amargura, resentimiento y
falta de perdón, pero el camino conduce a la destrucción. Vuelve
a leer el pasaje... sí, conduce a la destrucción. Hay otro camino
que podemos escoger... es el camino que Jesús transitó.

La Historia está salpicada de hombres y mujeres que han
escogido también el camino estrecho, y normalmente son a
quienes recordamos y queremos seguir su ejemplo. No sé de
ti, pero yo nunca he querido ser como Hitler o el estrangula-
dor de Boston. Ellos eran hombres enojados que estaban tan
atormentados que se volvieron obsesionados con atormentar a
los demás. Podemos ver fácilmente que sus vidas terminaron
en destrucción porque tomaron el camino equivocado. No, yo
nunca he deseado ser como ellos, pero sí he querido ser como
Rut, Ester, José o Pablo. He leído y releído la historia de José
docenas de veces a lo largo de los años, y he estudiado la actitud
perdonadora que mostraba José. Sé que Dios bendijo mucho a

José en su vida y bendijo a sus descendientes debido a que él tomó el camino estrecho.

Cada bendición que disfrutamos actualmente fue comprada con el sacrificio y el dolor de alguna persona. Yo creo que mis hijos, mis nietos y mis bisnietos tendrán vidas mejores porque yo recibí la gracia de Dios para perdonar a mi padre por haber abusado de mí sexualmente. Yo podría haber tomado el camino espacioso; estaba ahí mirándome a la cara y gritando: "Viaja por aquí, te mereces un camino fácil después de lo que has pasado". Pero ese camino es engañoso. Inicialmente parece ser el camino más fácil, pero al final solamente añade desgracia sobre desgracia.

En el último capítulo de este libro te contaré la historia completa del modo en que Dios me guió y me enseñó a perdonar a mi padre, pero por ahora digamos solamente que yo tomé el camino estrecho que conduce a la vida. Con frecuencia fue un camino solitario, no muy transitado, pero cuando yo pensaba que no podía avanzar ni un metro más, veía a Jesús más adelante diciendo: "Sígueme, te estoy guiando a un lugar de paz".

Cuando soy tentada a permanecer enojada y amargada en mi vida ahora, me digo a mí misma (con frecuencia en voz alta): "Joyce, no vayas allí". Podemos sentir que estamos descendiendo a las oscuras aguas de la amargura. Si llegamos lo bastante profundo, podemos sentir el agua turbia cerrándose sobre nuestras cabezas y haciéndonos descender cada vez más. La depresión, la lástima de uno mismo y muchas otras emociones negativas se convierten en nuestras compañeras.

Existe un lugar llamado "Allí"

Existe un lugar llamado "Allí", y todos hemos estado. Quizá algunos estén viviendo "Allí" en este momento. Es un lugar inmenso, pero en cierto modo tu vida parece ser muy pequeña y limitada. Hay una montaña muy grande en "Allí", y ocupa la mayor parte del espacio. Pasas mucho tiempo rodeando la montaña una y otra vez sin hacer verdaderamente ningún progreso real en tu viaje. Lo único que tienes que hacer para vivir "Allí" es seguir tus emociones. Enójate cuando las cosas no salgan como tú quieres, o cuando las personas que traten injustamente no las perdones. No seas misericordioso, y puedes tener un importante terreno en la tierra de "Allí".

Los israelitas vivieron "Allí" por cuarenta años. Ellos lo llamaron el desierto, pero yo lo llamo "Allí". "Allí" es cualquier lugar donde hayamos estado muchas veces antes y que nos hace ser desgraciados y roba la calidad de vida que Jesús quiere que tengamos. Puede ser la autocompasión, el egoísmo, la avaricia, el enojo, el resentimiento, el odio, la venganza o los celos. Los nombres que se le da a "Allí" son innumerables, pero los resultados de vivir "Allí" son siempre los mismos. Desgracia, tormento, frustración y vacío son los que llenan la atmósfera de este amplio lugar que conduce a la destrucción.

Como dije, yo viví "Allí" por mucho, mucho tiempo antes de decidir salir de "Allí" y quedarme fuera de "Allí". Cuando mis emociones intentan atraerme para que regrese, tengo que resistirlas reclamando la gracia y el poder de Dios; pero sinceramente, no puedo desperdiciar otro día de mi vida "Allí".

¡"Ellos" tienen la culpa!

Los israelitas culpaban a sus enemigos. Siempre era culpa del fallo de algún enemigo que ellos fuesen infelices y desgraciados. El único enemigo real que tenían era su mala actitud.

Ellos eran incrédulos, se quejaban, eran avariciosos, celosos, desagradecidos, temerosos, tenían lástima de sí mismos, enojados e impacientes. Es consolador para nosotros culpar a otra persona de todos nuestros problemas. Mientras "ellos" sean el problema, nunca tenemos que mirarnos a nosotros mismos y asumir la responsabilidad de nuestros actos.

Durante años yo me enfoqué en lo que mi padre me había hecho en lugar de hacerlo en mi reacción a lo que él me había hecho. Dios me ofreció una respuesta, pero su camino significaba que yo tenía que salir de "Allí" y dejar de pensar que "ellos" eran mi problema. Era cierto que mi padre me había herido terriblemente, pero Dios me ofrecía sanidad y restauración... ¡la decisión era mía! ¿Estás tú en la misma encrucijada en tu vida en este momento? Si es así, te imploro que salgas del camino espacioso que conduce a la destrucción y camines por el sendero estrecho que conduce a la vida.

¿Quiénes son "ellos" a los que hay que culpar de todos nuestros problemas? Si te escuchas hablar a ti mismo y a los demás, parece que "ellos" han estropeado nuestras vidas, y "ellos" necesitan arreglarla. "Ellos" lo hicieron, y "ellos" dicen, y tenemos temor a que "ellos" hagan o no hagan esto o aquello. ¿Pero quiénes son "ellos"? Oh, "ellos" puede ser cualquiera, en cualquier momento y en cualquier lugar. Lo cierto es que "ellos" no tienen poder alguno para finalmente hacernos daño si nosotros permanecemos en el camino correcto y seguimos a Jesús. Él es el Camino hacia el gozo inexplicable, la paz que sobrepasa todo entendimiento y una vida tan asombrosa que no tenemos palabras para explicarla. Cuando pienso en todos los años en que yo viví "Allí" culpando a "ellos" de toda mi desgracia, me hace querer escribir libro tras libro acerca de lo que Dios nos ofrece por medio de Jesucristo. Quiero que sepas la verdad porque te hará libre. La verdad es: no tienes que estar enojado y lleno de amargura y resentimiento cuando alguien te ofende. Tienes otra opción... ¡¡PUEDES PERDONAR!! La próxima vez que tus emociones exploten y seas invitado a un país llamado Falta de Perdón, está decidido a que no irás "Allí".

A pesar de lo que suceda en tu vida, mantén una buena actitud. Pablo dijo que él había aprendido a estar contento si tenía escasez o abundancia (Filipenses 4:11). Yo estoy plenamente convencida de que Pablo aprendió del mismo modo en que nosotros lo hacemos. Él experimentó la miseria de tomar las decisiones incorrectas hasta que finalmente vio la sabiduría de tomar las decisiones correctas. Cuando lo hizo, le produjo contentamiento.

La vida ofrece ofensas

Las personas y circunstancias que hay en nuestra vida nos ofrecerán una oportunidad de ser ofendidos, pero no tenemos por qué ir "Allí". ¿Cómo responderás? ¿Les culparás a "ellos" o asumirás la responsabilidad de tus propias actitudes? Se nos dice en la Palabra de Dios que guardemos nuestro corazón con toda vigilancia (Proverbios 4:23). Es nuestra responsabilidad trabajar con el Espíritu Santo para mantener nuestro corazón libre de ofensa hacia Dios y el hombre. Los campeones se alejan de la ofensa al igual que hizo el rey David muchas veces en su vida.

¿Estás listo para estar delante de Dios y tener respuesta para la pregunta del porqué desperdiciaste tu vida viviendo "Allí"? ¿Crees realmente que puedes decir que "ellos" te hicieron hacerlo y que Él acepte esa respuesta? Yo creo que todos tenemos más conocimiento. Es momento de que cada uno de nosotros emprenda la acción en su propia vida y tomemos la decisión de que no viviremos enojados y amargados.

Espacioso es el camino que conduce a "Allí"; parece un lugar muy pequeño aunque el camino para llegar es espacioso y muy transitado. Tiene una inmensa montaña, ¡y lo único que podemos hacer "Allí" es ser desgraciados!

Si alguna vez has estado "Allí", o si estás "Allí" en este momento, entonces sabes lo desgraciado que te hace sentir, así que sal de "Allí". Y cuando te vayas, di: "¡No regresaré!".

15

La recompensa de Dios

Según la Biblia, no podemos agradar a Dios sin fe, y quienes se acercan a Él deben creer que Él es, y que es galardonado de quienes le buscan con diligencia (Hebreos 11:6).

¡Dios es galardonador! Me encanta pensar en eso, ¿y a ti? A todos nos gustan las recompensas por nuestro duro trabajo, y admito que vivir un estilo de vida de perdón es trabajo duro; no es algo que hacemos algunas veces y después seguimos adelante. Es algo que tratamos durante toda nuestra vida y normalmente con más frecuencia de la que nos gustaría. Cuando yo estoy haciendo algo que es difícil, siempre me ayuda a recordar que hay recompensa al otro lado del dolor.

Una persona hace ejercicio en el gimnasio tres veces por semana aunque es trabajo duro y con frecuencia da como resultado dolor muscular, porque espera la recompensa de una salud mejor y un cuerpo musculoso en lugar de un cuerpo flácido.

Vamos a trabajar por la recompensa de un salario muy necesitado. Vamos al supermercado por la recompensa de comer en casa. Dudo de que hiciéramos muchas cosas en la vida si no hubiera promesa alguna de recompensa. Dios dice que cada uno recibirá su recompensa por las cosas que haya hecho en esta vida, sean buenas o malas (Apocalipsis 22:12). Él llamó a Abraham a dejar a su familia y su lugar para ir a un lugar que Dios le mostraría después. Dios prometió a Abraham que habría una recompensa por su obediencia (Génesis 12:1–2, 15:1).

Cuando un niño aprueba todos los exámenes en cada grado en la escuela, su recompensa es que se gradúa. También nosotros debemos pasar las pruebas en esta vida. La prueba del perdón es sólo una de ellas, pero es importante, y cuando la pasamos recibimos la recompensa de Dios. La recompensa puede manifestarse de muchas maneras. Llega en forma de paz y gozo, pero también puede llegar en forma de algún tipo de ascenso en la vida. José tuvo que pasar la prueba del perdón antes de ser ascendido a una posición de poder y autoridad en Egipto. ¿Estás esperando el ascenso en la vida, pero estás enojado? Si lo estás, entonces perderás tu recompensa.

Todos tenemos nuestra propia historia, pero ya que soy yo quien está escribiendo este libro, te contaré la mía, y oro para que te ayude.

*   *   *

Nací el día 3 de junio de 1943. El día en que nací, mi padre fue enviado al extranjero para ser soldado en la Segunda Guerra Mundial. Me dijeron que yo no le volví a ver hasta que tuve tres años de edad. Recuerdo que siempre tenía miedo de mi padre. Parece que él siempre estaba gritando y estaba enojado por una cosa u otra. Desde luego, mi madre y yo siempre supusimos que era algo que nosotras habíamos hecho, pero entonces también parecía que, independientemente de lo que nosotras hiciéramos, él seguía encontrando un motivo para estar enojado. Durante los nueve primeros años de mi vida, solamente estábamos en casa mi mamá y yo con el querido papá, pero entonces llegó mi hermano.

Para entonces, mi padre ya me estaba molestando regularmente, y recuerdo esperar con todo mi corazón que cuando mi madre diese a luz, el bebé fuese otra niña. En mi necedad infantil, pensaba que si el bebé era otra niña, entonces quizá a mi padre le gustase más que yo y dejase de hacer las cosas que él hacía y que me hacían sentirme mala y sucia.

El bebé fue un niño, no una niña, y creo que tuve rencor contra él durante un tiempo. Entonces nos unimos, y con frecuencia yo sentía que mi hermano, que se llamaba David, era mi único amigo en la familia. Él no sabía lo que mi padre me hacía, pero tenía sus propias batallas que pelear. Él también experimentó lo peor del enojo de mi padre, y también comenzó a beber y consumir drogas a una edad muy temprana. Cuando tenía diecisiete años, se alistó en los Marines, fue a luchar en la guerra de Vietnam, y nunca volvió a ser el mismo. (En realidad, me entristece decir que mientras yo estaba escribiendo este libro, encontraron muerto a mi hermano en un albergue para personas sin hogar en California a los cincuenta y siete años de edad).

Estoy segura de que alguien está pensando en este momento: "¿Por qué está Joyce en el ministerio ayudando a personas en todo el mundo, y su propio hermano vivía en un albergue para personas sin hogar?". Mi hermano estaba en un albergue para personas sin hogar porque se negó a caminar por el camino estrecho que conduce a la vida. Nosotros ayudamos a David en varios intervalos de su vida, incluyendo llevarle a vivir con nosotros durante algunos años, pero el resultado final era siempre el mismo. Él me dijo una vez: "Hermana, no soy mezquino, soy simplemente estúpido".

Él sabía que había tomado malas decisiones, pero por alguna razón que yo no entiendo totalmente, continuaba tomándolas. Creo que la vida de mi hermano y la mía tienen un interesante paralelismo. Por la gracia de Dios, yo tomé el camino estrecho y mi vida ahora está llena de la recompensa de Dios. Estoy feliz, contenta, bendecida y tengo el privilegio de ayudar a personas a llegar a conocer el amor y el perdón de Dios y su recompensa en su propia vida. Mi hermano tomó el camino espacioso que conduce a la destrucción, y está muerto a los cincuenta y siete años de edad sin haber experimentado nunca la recompensa de Dios plenamente. Creo que puedo decir verdaderamente que él desperdició su vida y nadie pudo hacer que se detuviera. Él tuvo algunos años buenos mientras vivía con nosotros, pero en cuanto se fue a vivir independientemente, regresó a las malas decisiones y los malos resultados.

Los dos fuimos heridos cuando éramos niños, y Dios nos ofreció a ambos ayuda y restauración, pero terminamos en lugares totalmente diferentes en la vida debido a nuestras propias decisiones. Dios nos amaba a los dos y lo sigue haciendo, pero sé que Él está triste porque mi hermano David se perdiese tantas cosas. Sé que yo estoy triste debido a eso, pero me hace estar incluso más decidida que nunca a seguir compartiendo la verdad con las personas. Vencemos el mal con el bien (Romanos 12:21), y mi respuesta a la muerte de mi hermano solamente puede ser: "Proseguiré adelante incluso más que antes para ayudar a tantas personas como pueda". Si tú has tenido desengaños en la vida que están intentando arrastrarte hacia la apatía y la inactividad, resiste y ten la decisión de salir de tu dolor siendo incluso más fuerte que antes. No permitas que tus desengaños te dejen amargado, sino en cambio permite que te dejen mejorado.

Mi padre abusó de mí sexualmente por tanto tiempo como puedo recordar hasta que me fui de casa a los dieciocho años de edad. De modo conservador, conté que él me violó al menos doscientas veces en mi vida entre los trece y los dieciocho años de edad. Antes de eso, él me molestaba. Mi padre no me forzaba físicamente, pero me forzaba con temor e intimidación, y el efecto era brutal.

Acudí a mi madre en busca de ayuda, pero ella realmente no sabía cómo tratar lo que yo le decía, así que escogió no creerme y no hacer nada. Desde entonces se ha disculpado, pero le tomó treinta años hacerlo, y para entonces yo ya me había recobrado por medio de la ayuda de Dios. Por tanto, tuve un padre que abusaba de mí y una madre que me abandonó, y entonces me encontré a mí misma con un Dios que me mostró que yo tenía que perdonarlos por completo a los dos.

Puede que quieras hacer una pausa y pensar en eso un poco antes de seguir escuchando el resto de mi historia.

Dios requiere obediencia, no sacrificio

Yo hice la oración de "yo perdono a mis enemigos", y hasta cierto grado sí les perdoné. Dios me enseñó que "las personas heridas hacen daño a otras personas". Entendí que mi padre era un hombre desgraciado que lo más probable es que hubiese sido herido y que estaba lleno de un espíritu de lujuria por el incesto en su propia línea familiar. Yo hablé mucho conmigo misma, y también oré mucho, y fui capaz de dejar de odiar a mi padre, pero no entendí hasta muchos años después que aún me quedaba mucho camino que recorrer. Yo le había dado a Dios un sacrificio, pero Él quería completa obediencia.

Cuando tuve la edad suficiente para irme de casa, pasé tan poco tiempo con mis padres como fuera absolutamente necesario. A medida que ellos envejecieron y su salud comenzó a fallar, yo les enviaba dinero ocasionalmente y les visitaba brevemente en las vacaciones. Ellos se habían mudado de St. Louis al sur de Missouri, de donde eran originarios, y yo estaba emocionada. Como ellos vivían a más de trescientos kilómetros de distancia, yo tenía algo más que una excusa para no estar cerca de ellos con mucha frecuencia.

Mientras tanto, nuestro ministerio estaba creciendo y estábamos emocionados por ayudar a las personas. Dios nos había guiado a estar en la televisión, y yo sabía que necesitaba tener cierto tipo de confrontación y conversación con mis padres para hacerles saber que yo compartiría mi historia en la televisión a fin de ayudar a otras personas. Yo no sabía cómo resultaría aquello, pero en realidad no esperaba que fuese bien. Quedé agradablemente sorprendida cuando mi padre me dijo que hiciera lo que tuviera que hacer. Mencionó que él no tenía idea alguna del modo en que su abuso me había herido, y siguió sin disculparse y sin parecer tener deseo alguno de arrepentirse y buscar una relación con Dios.

Pasaron algunos años; el ministerio estaba creciendo y las cosas entre mis padres y yo estaban igual. Ellos estaban envejeciendo y su salud iba empeorando, y como no tenían dinero suficiente para vivir adecuadamente, nosotros les enviábamos dinero regularmente. Yo sentía que era bastante noble por mi parte hacer eso, y quedé sorprendida cuando Dios me hizo saber que Él esperaba que hiciera mucho más.

El verdadero significado de bendecir
a tus enemigos

Ustedes, por el contrario, amen a sus enemigos, hágan-
les bien y denles prestado sin esperar nada a cambio. Así
tendrán una gran recompensa y serán hijos del Altísimo,
porque él es bondadoso con los ingratos y malvados.

Lucas 6:35

Si leíste apresuradamente la escritura anterior como normalmente hacemos, por favor regresa y vuelve a leer lo que está
diciendo. ¿Cuándo llega nuestra recompensa? Llega después
de que hacemos cosas buenas por nuestros enemigos con una
buena actitud.

Una mañana yo estaba orando, y sentí que Dios susurraba a
mi corazón que Él quería que llevase a mis padres de nuevo a St.
Louis, les comprase una casa cerca de donde nosotros vivíamos
y me ocupase de ellos hasta que muriesen. Inmediatamente yo
supuse que esa idea era el diablo que intentaba atormentarme,
y la resistí con fuerza e intenté olvidarla. Sin embargo, cuando
Dios intenta hablarnos, Él será bastante repetitivo hasta que
finalmente escuchemos. La idea seguía regresando a mí, especialmente cuando intentaba orar. ¡Imagina a Dios intentando
hablarme cuando yo estaba orando! Estoy segura de que yo
estaba ocupada diciéndole todo lo que quería y necesitaba, y Él
intentaba interrumpirme el tiempo suficiente para decirme lo
que Él quería.

Finalmente pensé que presentaría la idea a Dave esperando
que él me dijese que aquello era ridículo, y que eso le pusiera
fin. ¡Aquella fue una ocasión en que yo estaba totalmente

preparada para someterme a mi esposo! Yo quería que él me dijese no, pero no lo hizo. Sencillamente dijo: "Si eso es lo que crees que Dios te está guiando a hacer, entonces es mejor que le obedezcamos".

Dave y yo no teníamos mucho dinero ahorrado, y sería necesaria la mayor parte de lo que teníamos, si no todo, para hacer lo que Dios estaba pidiendo. Mis padres no sólo necesitaban una casa sino también un auto y muebles, porque nada de lo que ellos tenían era muy bonito. Dios me había dejado claro que Él quería que nos ocupásemos "bien" de ellos y les tratásemos como si hubieran sido los mejores padres del mundo.

¡Mi carne estaba gritando todo el tiempo! ¿Cómo podía Dios pedirme que hiciera eso? ¿Acaso se había olvidado de que ellos no habían hecho nunca nada por mí? ¿No le importaba a Dios que ellos me hubieran herido terriblemente y nunca hubieran estado a mi lado de ninguna manera cuando los necesitaba? ¿No sabía Dios cómo me sentía yo, o le importaba?

Sin tener ninguna emoción positiva que me impulsara, hice todo lo que Dios me pidió que hiciera. Mis padres se mudaron otra vez a St. Louis, vivían a ocho minutos de nuestra casa, y nos ocupamos de cada una de sus necesidades. Cuanto más envejecían, más necesidades tenían. Mi padre mostró cierta apreciación verbal, pero seguía siendo el mismo hombre mezquino y malhumorado que había sido siempre.

Habían pasado tres años desde que nos ocupamos de su cuidado, y la mañana del día de Acción de Gracias mi madre llamó y dijo que mi papá había estado llorando toda la semana y quería saber si yo podía ir a su casa y hablar con él sobre algo. Dave y yo fuimos, y mi papá me pidió que le perdonase por lo que él me había hecho cuando era una niña. Él no dejaba de llorar, y también le pidió a Dave que le perdonase. Dijo: "La mayoría de los hombres me habrían odiado, pero Dave, tú nunca hiciste otra cosa sino quererme". Le aseguramos que le perdonábamos y le preguntamos si quería pedirle a Dios que le perdonase y recibir a Jesucristo como su Salvador. Él nos aseguró que sí, y oramos y mi padre nació de nuevo allí mismo. Preguntó si yo le bautizaría, y diez días después lo hicimos en nuestra iglesia en el centro de la ciudad de St. Louis. Puedo decir verdaderamente que durante los cuatro años siguientes vi un verdadero cambio en mi padre. Él murió a los ochenta y seis años de edad, y sé que él está en el cielo.

Cuando Dios me habló de comprarles una casa, yo no entendía el fruto que finalmente vería. El amor que la gracia de Dios mostró a mi padre por medio de nosotros fundió su duro corazón y abrió el camino para que él viese la luz. Mi madre sigue con vida hasta ahora, mientras escribo este libro. Tiene ochenta y siete años y vive en unas instalaciones con asistencia que nosotros pagamos. Ella es hija de Dios, y aunque su salud no es estupenda, parece disfrutar de cada día de su vida. Me sentí triste de que ella tuviera que soportar escuchar de la muerte de mi hermano, pero Dios le dio mucha gracia y está bastante tranquila con la noticia.

La escritura que cité anteriormente dice que debemos hacer favores a nuestros enemigos y ser amables con ellos... ¡entonces nuestra recompensa será grande! Yo había pasado años dando a Dios un sacrificio pero no verdadera obediencia. Hice lo que tuve que hacer por mis padres, e incluso eso lo hice con un poco de resentimiento, pero Dios tenía más cosas en mente. Él tenía más cosas en mente para que yo las hiciera, y más para que yo las recibiera. Recibí una mayor liberación en mi propia alma, sabiendo que había obedecido plenamente a Dios. Recibí el gozo de conducir al Señor a mi padre, quien me había violado más de doscientas veces, y después bautizarle. También creemos firmemente que Dios abrió la puerta para que nosotros ayudásemos a millones de personas después de que le obedecimos totalmente. Comenzamos a traducir nuestro programa de televisión a idiomas extranjeros, y ahora se emite en dos terceras partes del mundo en más de cuarenta idiomas diferentes. Otros miles y miles de personas están recibiendo a Jesús como su Salvador y aprendiendo la Palabra de Dios por medio de ese esfuerzo.

¡Dios es verdaderamente increíble! Él nos da la gracia para hacer cosas que, en nosotros mismos, no haríamos ni nunca podríamos hacer. ¿Cómo podría yo querer al hombre que había sido la fuente de mi tormento? ¿Cómo podía amar a la madre que me abandonó en la situación y no me ayudó cuando yo se lo pedí? Porque Dios tiene un plan que es muy distinto al nuestro, Él nos capacita para hacer cosas que nosotros no podemos imaginar qué haríamos nunca, incluyendo perdonar a aquellos que nos han tratado mal y han abusado de nosotros. Dios es bueno, y si nosotros se lo permitimos, Él quiere dejar que su bondad fluya por medio de nosotros hacia los demás.

Has escuchado la versión acelerada de mi historia. Sé que la mayoría tendrá una historia propia, y quizá tu historia sea incluso más sorprendente que la mía. Dios quiere darte una doble bendición por tus anteriores problemas. Él quiere que vivas en medio de su abundante recompensa. No permitas que nada te detenga. Hazte un favor a ti mismo... ¡¡PERDONA!!

ACERCA DE LA AUTORA

Joyce Meyer es una de las principales maestras prácticas de la Biblia en el mundo. Escritora número uno de éxitos de ventas del *New York Times*, ha escrito casi noventa libros inspiracionales, incluyendo *Vive por encima de tus sentimientos*, *Pensamientos de poder*, la serie familiar de libros El Campo de Batalla de la Mente, y dos novelas, *The Penny* y *Any Minute*, al igual que muchos otros. También ha publicado miles de enseñanzas en audio, al igual que una videoteca completa. Los programas de radio y televisión de Joyce, *Disfrutando la Vida Diaria*, se emiten por todo el mundo, y ella viaja extensamente realizando conferencias. Joyce y su esposo, Dave, son padres de cuatro hijos adultos y tienen su hogar en St. Louis, Missouri.

JOYCE MEYER MINISTRIES
DIRECCIONES DE LA OFICINA EN E. U. Y EL EXTRANJERO

Joyce Meyer Ministries
P.O. Box 655
Fenton, MO 63026
USA
(636) 349-0303
www.joycemeyer.org

Joyce Meyer Ministries - Canadá
P.O. Box 7700
Vancouver, BC V6B 4E2
Canadá
(800) 868-1002

Joyce Meyer Ministries - Australia
Locked Bag 77
Mansfield Delivery Centre
Queensland 4122
Australia
(07) 3349 1200

Joyce Meyer Ministries - Inglaterra
P.O. Box 1549
Windsor SL4 1GT
Reino Unido
01753-831102

Joyce Meyer Ministries - Sudáfrica
PO Box 5
Cape Town 8000
Sudáfrica
(27) 21-701-1056

OTROS LIBROS DE JOYCE MEYER

Never Give Up!

Eat the Cookie . . . Buy the Shoes

Hearing from God Each Morning Devotional

The Love Revolution

Any Minute

New Day, New You Devotional

I Dare You

The Penny

The Power of Simple Prayer

The Everyday Life Bible

The Confident Woman

Look Great, Feel Great

The Secret to True Happiness

Battlefield of the Mind*

Battlefield of the Mind Devotional

Battlefield of the Mind for Teens

Battlefield of the Mind for Kids

Approval Addiction

Ending Your Day Right

21 Ways to Finding Peace and Happiness

The Secret Power of Speaking God's Word

Seven Things That Steal Your Joy

Starting Your Day Right

Beauty for Ashes (edición revisada)

How to Hear from God*

Knowing God Intimately

The Power of Forgiveness

The Power of Determination

The Power of Being Positive

The Secrets of Spiritual Power

The Battle Belongs to the Lord

The Secrets to Exceptional Living

Eight Ways to Keep the Devil Under Your Feet

Teenagers Are People Too!

Filled with the Spirit

Celebration of Simplicity

The Joy of Believing Prayer

Never Lose Heart

Being the Person God Made You to Be

A Leader in the Making

"Good Morning, This Is God!" (libro de regalo)

Jesus—Name Above All Names

Making Marriage Work (publicado previamente como *Help Me—I'm Married!*)

Reduce Me to Love

Be Healed in Jesus' Name

*How to Succeed at
Being Yourself*

*Weary Warriors,
Fainting Saints*

*Be Anxious for Nothing**

Straight Talk Omnibus

Don't Dread

Managing Your Emotions

Healing the Brokenhearted

*Me and My Big Mouth!**

Prepare to Prosper

Do It Afraid!

*Expect a Move of God
in Your Life... Suddenly!*

*Enjoying Where You
Are on the Way to Where
You Are Going*

A New Way of Living

When, God, When?

Why, God, Why?

*The Word, the Name,
the Blood*

Tell Them I Love Them

Peace

*If Not for the Grace of God**

Libros de Dave Meyer

Life Lines

*Una guía de estudio está
disponible para este título.

Libros de Joyce Meyer en español

*Come la Galleta. . .
Compra los Zapatos*
(Eat the Cookie. . .
Buy the Shoes)

*Las Siete Cosas Que Te
Roban el Gozo*
(Seven Things That
Steal Your Joy)

Empezando Tu Día Bien
(Starting Your
Day Right)

El Campo de Batalla de la Mente
(Battlefield of the Mind)

La Revolución de Amor
(The Love Revolution)

Pensamientos de Poder
(Power Thoughts)

Termina Bien Tu Día
(Ending Your Day Right)

Belleza en Lugar de Cenizas
(Beauty for Ashes)

Vive por encima de tus sentimientos
(Living Beyond Your Feelings)